U0540437

青少年写作训练

全二册

提分篇

陆九奇 著

中国妇女出版社

版权所有·侵权必究

图书在版编目（CIP）数据

青少年写作训练：全二册 / 陆九奇著. -- 北京：中国妇女出版社，2023.8
ISBN 978-7-5127-2267-5

Ⅰ．①青… Ⅱ．①陆… Ⅲ．①作文课－中学－教学参考资料 Ⅳ．①G634.343

中国国家版本馆CIP数据核字（2023）第015069号

选题策划：紫帆·白进荣
责任编辑：赵曼
封面设计：仙境设计
责任印制：李志国

出版发行 中国妇女出版社
地　　址 北京市东城区史家胡同甲24号　邮政编码：100010
电　　话　(010) 65133160（发行部）　65133161（邮购）
网　　址 www.womenbooks.cn
邮　　箱 zgfncbs@womenbooks.cn
法律顾问 北京市道可特律师事务所
经　　销 各地新华书店
印　　刷 天津光之彩印刷有限公司

开　　本：145mm×210mm　1/32
印　　张：12
字　　数：220千字
版　　次：2023年8月第1版　2023年8月第1次印刷
定　　价：98.00元（全二册）

如有印装错误，请与发行部联系

CONTENTS 目录

第 1 课 / 001
目标有且只有一个

第 2 课 / 006
怎样选择适用的素材

第 3 课 / 014
素材的组合方式

第 4 课 / 021
选择合适的文体

第 5 课 / 032
议论文要一针见血式说理

第 6 课 / 038
说明文不需要情感和技巧

第 7 课 / 044
线索在动笔之前就要想好

第 8 课 / 051
从写好一个段落开始

第 9 课 / 058
对情节进行打磨

第 10 课 / 064
让情节有节奏地递进

第 11 课 / 078
暗示不能明说的情节

第 12 课 / 083
找到内在含义的象征物

第 13 课 ／ 088
人物的一言一行很关键

第 14 课 ／ 094
有意识地表达人物心理

第 15 课 ／ 100
避免为了凑字数而啰唆

第 16 课 ／ 107
写作结构不仅是"总分总"

第 17 课 ／ 123
适当地删减和调整结构

第 18 课 ／ 130
抒发感情要真实、适度

第 19 课 ／ 140
修辞需要用出新意

第 20 课 ／ 160
用长短句打造节奏感

第 21 课 ／ 165
对话不是加引号那么简单

第 22 课 ／ 175
利用视点写变化

后记 ／ 181

第 1 课
目标有且只有一个

在构思的各个要件当中,目标是最关键的。不夸张地说,目标是全部构思的核心,是整篇文章的灵魂。对一篇典型佳作而言,没有一个句子不是围绕整个目标展开的。而我们在日常的写作中,为了"凑足"字数而展开的技巧行文,对文章的灵魂是何等的亵渎啊!

一名小学生要写童年趣事,他在意识中会首先确立一个目标:所写的内容要有意思、好笑、有趣味性,这样才不会辜负一个"趣"字。这样一种质朴的想法,转化成写作目标,就是他要通过这篇文章,把童年中最欢乐、最有趣的一件事呈现在读者眼前,用350个汉字完成它。为了实现这一点,他重点要写的是那件趣事的整个过程,其中涉及两名同学……

对一个圆来说,围绕圆心而在圆周上存在的每一个点才是有价值的。其他所有游离于圆周内外的点,对这个圆来说都是没有意义的，它们不构成这个圆的一部分——文章也是如此。当你动笔的时刻，你要保证自己的每个句子都在围绕目标展开。故而，当你在修改文章时，发现哪个句子——即便是生动美丽的金句，如果不能改造成围绕目标而存在，就必须果断地删掉它。

3. 有结构
结构是对材料的战略性安排。先后、详略、侧重、贯穿、穿插、衔接是基础。悬念、铺垫、伏笔、照应等是常见的技巧性手法。

构思流程

1. 有目标
主题是全文的唯一目标。一篇文章有且只有一个目标。完成它就完成了全文的终极目标。

2. 有材料
材料是主题的"仆人"，服务于全文主题。小材料会服务于局部，大材料服务于全局。但所有材料都指向全文的主题。

脱离目标不仅容易偏题，还容易出现跳跃性主题

我曾经读到这样一篇作文，小作者写自己童年的一件趣事，用了两页纸的规模。按说读者见了这样的题目，势必要让趣事本身尽早分享出来，我们有必要让有趣的故事和怀着期待的读者尽早见面——最好是在简单的开篇后，立刻进入故事中。但不知什么原因，小作者对发生趣事那一天的天

第1课 目标有且只有一个

气做了细致的交代,又花了大量的文字介绍自己穿衣、穿鞋的经过,就连系鞋带这样的细节都没有放过……就这样,一页纸已经填满了。而读者却没见到一点点趣事的影子,当第二页终于写了一半时,作者的故事才浮出水面——然而作者却不把故事最有趣的一面加以扩大,反而以"化繁为简"的三言两语交代完毕,于是便迎来了结尾的段落。

作为一名读者,我们的期待落空了。我们想见到的趣事有一个长达一页半的"铺垫"——这是一种无效的、处在"圆周"之外的句子,不能不令读者感到:作者的童年也许是在一种无趣当中度过的。然而我相信,作者只是没能很好地表达出那件趣事而已,同时在文章的结构上出现了严重问题。

请你仔细看一看上面的圆,包括圆心、圆周,以及无数条可以想象出的半径,去思考它们和写作中的常见要点之间的关系。

之所以强调写作的目标,不仅是因为这包含着写作中的规律问题,还因为在常见的考场作文中,无数的孩子出现了偏题和跑题的现象。这是令人感到痛心的现象之一。

请你记住:不管做什么事情,如果你的行为偏离了目标本身,那么你做得越多,你错得就越多。写作中常见的偏题和跑题现象就是如此。当你已经偏离了文章既定的目标时,你多写出的每一行字,都像是站在"圆周"之外的一个点一样。它们不构成这个圆，不属于这个范围，何苦拉它们过来呢？

所以在我们构思作文的时候，首先需要把目标也就是主题这个点找出来，最好能概括出来，其概括的句式常常也是固定的：作者通过××等，表现出怎样的思想感情。就我们常写的一些文章来说，无非是通过对校园的刻画，写出了校园的美丽——展示校园的美丽就是你的目标；通过家庭中的一场风波，写出了母爱的伟大——表达母爱的无私和伟大是目标。前者，你在写校园的时候，你的笔触不能越出校园的范围，只要是校园内的景致，都可以呈现在你的笔下。后者，你的故事不能脱离家庭而存在——当然，联想和想象的部分内容不受这样规定的局限。也许在你刻画校园中一株大榕树的时候，你的思绪从眼前这棵在寒风中摇摆而满是枯枝的榕树，跳入了夏天它枝繁叶茂时的画面中；而在一场家庭风波当中，你的思绪逆着时间的河流，穿梭到了三年前的另一件事。这些合理的联想都是可以的，我们在写作中也十分提倡，但它们同样不是溢出圆周的点，而是和圆心保持着半径的距离。

对一篇文章的写作目标而言，有且只能有一个！这是青少年在写作时必须牢记的法则。

在我批改作文的过程中，常见到多主题表达、跳跃性主题的表达，从而令读者一头雾水。比如在一篇关于清明节

第1课　目标有且只有一个

的文章中，作者以《清明有感》为题写作，文中运用了两个素材，一个是清明节背后的故事——介子推和重耳的故事（内容很细致，占一页篇幅），另一个故事是关于某名人珍惜时间的故事（相对细致）。两个故事道完，作者便引出自己的"清明有感"：一个人应当珍惜时间，该名人的惜时如金是值得我们学习的。

读了这篇文章，我给出的意见便是：文章的主题应该是一个，文中不能出现这种跳跃性，从一个主题跳入另一个主题。作者以介子推的故事仿佛想告诉人们一个忠君孝母的故事，也有生命很宝贵的含义（但作者未提炼，没点出）。而另一名人的故事则在说：时间是宝贵的。那么这两个素材放在一篇文章中便给人一种"鸡兔同笼"的感觉。这样的文章修改起来很不容易，唯一可行的方向是：生命即时间，生命是宝贵的，故而时间是宝贵的。但对一个中学生而言，从两则素材中分别挖掘，再过渡、衔接，并在结尾处做出深刻的阐述并不容易。

所以，我们千万在立意环节就要确定一个写作目标。对上文的《清明有感》而言，你的"感"固然可以是多样的，但须有内在的一致性，它们在内容上须体现一个共同的主题才行。

第 2 课
怎样选择适用的素材

如果说目标是全文的灵魂,那么素材便是主题的"仆人"。

对一个成熟的作家而言,既不缺少对主题深入挖掘的技巧,也不缺少对作品结构的设计能力,更不缺少语言表达的才能。一般而言,作家更需要一个好的素材,而主题、结构、语言往往在他们常年写作中早已锻炼出来了——当然,有了好素材,有追求的作家会在结构上狠下功夫,把一个故事讲得更好。

素材则不同。对一个作家而言,他全年一个字没动,很可能是没有找到好的素材。很多当代名作家,如果你给他们一条故事的线索,哪怕只有几句话的故事线索,他们的敏锐足以写成一部长篇小说。我不止一次读到过作家从朋友处偶然得到故事线索,进而挖掘构造出好故事、写出好小说的文坛逸事。我相信,每一个作家都有独特的取材之道,都有

第2课 怎样选择适用的素材

自己严格的选材标准。

对青少年而言,学习写作的过程同样关乎取材。当我眼见许多孩子大量背诵古诗文、各种历史故事,但到了搜罗热点素材的时候,我心中时常会涌起深深的忧虑。要知道,所谓的格言和名人逸事在你的记叙文中所起的作用是很有限的,读者读记叙文,要听的是你的故事,而不是你对格言和名人逸事的再整合。所以,上述材料固然可以成为文章中的部分材料,但对它们的引用、化用并不能取代我们从生活中取材。

如果我观察和分析得不错,我发现一个学生在小学、初中、高中的三个阶段中,对广袤生活中的取材呈现出一种逐步萎缩的状态——越来越难以从日常生活中取材。

选材和使用需要流程化:素材常常来自生活

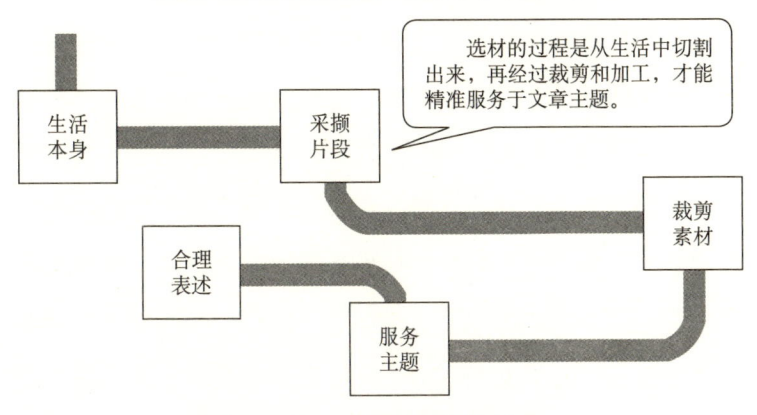

> 选材的过程是从生活中切割出来,再经过裁剪和加工,才能精准服务于文章主题。

生活本身 → 采撷片段 → 裁剪素材 → 服务主题 → 合理表述

选材这门学问,包括选择和裁剪两方面

小学生常常喜欢从生活中就地取材，甚至昨天刚刚发生的一件事，他们就会在写作文时迫不及待地写出来。这个阶段的孩子，抒情意识和辩证思维的意识相对薄弱，写作文主要是写一个真实故事，当然也会有奇思妙想、天马行空的一面。在少年眼中，素材和日常生活息息相关，他们似乎更愿意听老师的意见，踏实地去留意生活中的故事素材。

　　到了初中，抒情意识大爆发！许多初中生见了作文题，只要没有特殊的文体要求，便会下意识地运用抒情来写作，全文随处可见的是翻飞的思绪和大量的抒情，故事材料的点点滴滴都服务于抒情，呈现出一种碎片化的状态——往昔生活的几个片段，像挤出的牙膏一样点缀在文章的几个角落，彼此之间有很强的跳跃性，在结构上往往是三段式、片段式。每当读到这样的文章，我的心情常常有点难过——为那几个被冷落在角落里充当看客一样的素材，每一个碎片都只是故事的一部分，而非全部，往往是为抒情服务的。虽说素材是主题的"仆人"，但做这样卑微的"仆人"，实在令人有点看不下去。仔细分析这些碎片，其实在它们的背后有非常精彩、翔实的故事，却被作者弃之不顾。——只有少数的文章，因为作者弱化了情感部分，对多个片段做了相对细致的刻画，从而给人以电影化的感觉，就是从一个场景过渡到另一个场景。

第 2 课 怎样选择适用的素材

高中时,议论思维大爆炸!如果不做特别的文体要求,许多学生会"疯狂地""不由自主地"陷入议论文、哲理散文(未必是严格的有清晰文体意识的哲理文)的写作中,以发表对周围世界的广泛意见——这既有日常客观要求造成的原因,也有主观思想上懒惰的一面,因为议论文和塑造人物、描述环境的记叙文相比更易于写作。

纵向分析一番,小学记叙,初中抒情,高中议论,这种总体上的写作趋势,造成了青少年对日常生活素材的运用呈现出一种逐年减弱乃至消亡的现象。对一些孩子而言,随着年纪的增长,故事在他的写作中永远消失了,剩下的只是空泛的议论和肆意的煽情。故而,我在辅导孩子写作的过程中,一旦发现一个精彩的故事,便会赞不绝口。即使这个故事的看点还没有充分展示出来,但我对一个初中、高中的青少年仍然保留着故事思维,仍然在生活中取材的做法表示赞赏。

当然,保留故事素材的写作方向,并不意味着就能写好一个故事,完成一篇像样的记叙文。这涉及一个如何剪裁的问题。

我曾经专门写过一篇文章,大体的意思是:对写作而言,如果生活是一头猪,那么一篇文章只是一片肉而已。你所写的文章,只是从生活这头猪身上割下的一片肉,你不能用一篇文章、一个故事承载一整头猪,没有必要。同样的道理，如果作文如一件成衣，那么生活便是布料本身。我们必须经过合理的裁剪，加上巧妙的缝制过程，才能把一件成衣摆在顾客面前。

如果你了解一点拍摄影视剧的过程，你便会明白一个道理：所有最终播出的影视剧，都必须经过一个合理的剪辑过程。以一部需要对情节保密的电影来说，参演的演员甚至不知道故事的全部情节，他们参与的只是部分情节，第一个完整见到最终影片的，一定是导演和剪辑师。这个裁剪的过程已经进入素材处理的环节，也就是对素材的战略性安排，即结构处理上，在后面我们会详细讲述。

由上面的意见我们就知道，对选材而言，重点是"裁"——裁剪。拿青少年常写的母爱来说，母亲再伟大，我们也不能把母亲所有的关爱都写入一篇文章中，我们必须从洋溢着母爱的生活中裁剪出重点，让它成为整个故事的看点。否则，整篇文章会显得十分凌乱，只是材料的简单堆砌而已。

所以，我偶尔会对学生说：选"cai"其实有两个，一是"选材"，二是"选裁"。第一个含义单纯，只有一个动作；第二个要复杂一点，含有两个动作，包括了对材料的选择和裁剪。选材就选最好的，要做到"弱水三千只取一瓢饮"，而要拒绝豪饮的气概。比如你写《美好的星期天》这样一篇作文，你不能把星期天24小时发生的一切都记录下

第 2 课　怎样选择适用的素材

来，那样便是生活的流水账，而不是一篇好的文章。选择还是首要的问题，你必须把24小时内发生的值得写的某件事裁剪出来，变成全文的主要材料。从另一个角度看，即使这一天你都很愉快，让你产生美好滋味的事件、原因可以有不少，但你必须精心选择最能突出、最能表达出这一天如此美好的材料，而不是通盘记录。

时间的跨度就像盛放事件和人物的容器，但在这个存在跨度的时间当中，某一个、某几个时间点更重要，这些才能集中展示故事的人物和情节，成为作者集中笔力去抒写的关键。如果让我写童年的一件往事，我会对整个童年时间段（6~12岁）进行检索，然而某件事不过是发生在8岁那年的一个夏天的午后。这个节点因为发生了一件令我难忘的事情，而永远地留在我的记忆中。我们写作，我们找寻生活的素材，就是返回到这样的时间节点去，把最有价值的素材找出来，然后进入剪裁的环节。

（1）一件事贯穿全文。这个原则对写作很重要，当你不能写好一件事贯穿全文的作文时，我觉得你需要狠下功夫，而不是跳入片段式的写作中去。而现实情况是，小学生更多遵守这个原则，即使文章是稚嫩的，他们中的大部分仍旧倾向于写好一件事。然而到了初中，不少同学发生了跳跃。随着写作字数的提高，似乎写一件事难以达到写作的要求，于是在选材方面便以两三件事来填充文章，这样做的结果常常是一件事都没有写透彻，整篇文章给人的感觉是拼接感较强。

在写作训练的初级阶段，遵守"一件事贯穿全文"的原则，其实可以令你对写作的理解更深入。在对一件事的叙述过程中，可以从N个角度去挖掘，整件事情的过程，除了何人在什么时间里发生了怎样的故事——这个基本问题之外，我们可以透过对人物的刻画、细节的把握、环境的描摹、心理的展示等进行综合补充，从而令文章变得丰富和饱满，让一篇文章不再单薄。

（2）以电影的手法剪辑自我经历时的注意事项。"拼接画面"是不少学生惯用的写作"伎俩"，每当见到这样的文章时，我有时不以为然，有时又为确实拼接得好的有着电影剪辑手法的文章而喝彩。这种手法看似简单，似乎就是几剪刀下去，就裁剪出一篇完整的文章。其实不是，良好的剪辑有着内在的高要求。各个片段之间绝非表面上的弱关联，好的剪辑都有内在的联系，生生撕裂它们是会令读者感到疼痛的。其实，剪辑可是一门大学问！即使一部很烂的影视剧，经过伟大剪辑师投入工作，也是可以化腐朽为神奇的。这就提醒我们：写作中也须有这样的结构手法，它能让作者呈现的各种画面衔接得天衣无缝，而绝不是简单的拼接——简单的拼接很容易，但后果很严重。

（3）运用公共素材的注意事项。不知从什么时候开

第2课 怎样选择适用的素材

始,青少年热衷于各种公共素材的积累,觉得只有积累了大量的历史素材、新闻热点素材、格言语录等才能写好作文。的确,在有些文章中,尤其是议论文中需要一点公共素材,但使用这些素材时要注意:第一,要以服务文章主题而进行有效裁剪,绝不是细致地重述一个历史故事,加上首尾的个人观点就可以;第二,严格控制它们在文章中的比例,在某些时候可以穿插使用一点,但绝不要过度采用;第三,良好的重新表达,而非把背诵的故事情节直接搬入文中,才能更好地体现出你的写作功底。

第3课
素材的组合方式

如果我们较为宏观地看文章,其中的素材之间可以呈现出多种关系,最常见的就是并列和对比的关系。递进关系也很常见,比这两种关系相对复杂一点,所以后面单说。

一、材料在宏观层面的并列和对比

并列关系容易理解。当我们到超市买东西时,不同购物架上的商品就是一种并列关系。各种饮料之间、各种食品之间,以及在饮料和食品之间,并不存在谁隶属于谁的问题。它们以陈列的方式出现在消费者眼中。商家当然会根据消费者购买的频率、喜好、品牌等把更畅销的商品放在突出的位置,但这种人为的干预并不影响各种商品之间的并列关系。文章中常见的一种素材组合也是如此,几条材料之间不

第 3 课　素材的组合方式

存在隶属关系，理论上它们的位置是可以互换的。但在实际写作中，也有先后的考虑——这也是人为干预。如果硬要互换，也需要考虑两个素材之间的衔接和过渡等问题。

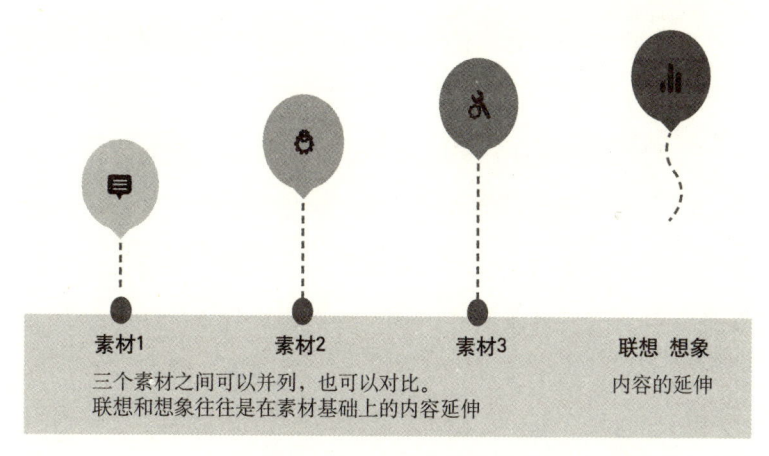

素材1　　　素材2　　　素材3　　　联想 想象
三个素材之间可以并列，也可以对比。　　　　内容的延伸
联想和想象往往是在素材基础上的内容延伸

并列和对比是常见的素材组合方式

在青少年的写作中，常见的并列式甚至可以理解成铺排关系的一种。以读书的主题来说，同学们认同并赞美读书这个行为本身，并常常以生动的比喻来构建全文结构。比如有同学说：读书是成长的必需；读书是心灵的净化；读书是人生的修炼。上述三句话所引领的段落就能构成全文的核心内容，而三者之间彼此并列，给人一种结构上的均衡美感。也有的同学写得更具体，比如：读《红楼梦》……读《平凡的世界》……读《简·爱》……。以这样的方式构建全文，道理同上。

并列具有一种广泛的意义，一个人的不同特点可以并列出现，一个事物的不同特点也是如此。作者以不同的事件来塑造人物形象，事件发生在不同的时间点，它们也属于一种并列关系。我们要注意：并列这种关系以及后面讲的对比关系，是作者处理素材的一种方式，属于文章的形式，即文章在结构上的手法。

（1）并列的另一种说法叫作横式思维、横向思维。这是人的一种常见的思考方式，是一种横向展示、轮流展示的思考方式。比如写一个人，你准备写三件事来体现这个人的性格特点，这三件事只能一件一件地说，绝不能同时展开。在中国古典长篇小说和评书中，我们会见到、听到这样的句子：花开两朵，各表一枝。一个作者、一个说书人，不可以同时展开对两件事的叙述，只能有先有后地告诉读者或听众。所以这种先后的言说便造成了两者（或多者）在关系上的并列。

（2）并列呈现的关系、事件、场景、片段、情节等，放在写作当中，可以有不同的权重。就是说，它们在关系上是并列的，有的先呈现、有的后呈现，但分量可以不一样，就行文而言，往往应该不一样，这就是所谓的"有详有略"。如果两件事作者给予一样的权重，就容易造成一种平分笔墨的现象，结果在有限的字数内，两件事都没有细节可言，给人以粗枝大叶的感觉，这样便难以突出人物的性格特

第3课　素材的组合方式

点。所以，即使是并列关系的两件事、两个情节片段，能更好地展示人物性格、更好地突出文章主题的事件，必须不惜笔墨，而作为铺垫性的、相对次要的事件，我们可以几笔带过。著名作家格非曾经说过一句话："写作从根本上来说就是省略的艺术。凡写作必有省略。换句话说，没有省略的写作是完全无法想象的。"他还对小学生作文中的流水账问题发表看法，他说："这一类的流水账，通常是省略技巧最弱化的写作。但即使小学生把每个小时都经历的事全部记下来，省略依然存在。"这是非常有见地的看法，值得我们深思。

并列思维是相对简单的一种思维，并列呈现的是均衡的美感。而另一种关系——两者间的对比、衬托等，则是作者有意呈现一种不均衡的美——通过两者的比较来反映作者的观点。在并列关系当中，有详有略不是对比关系，只是权重不同；而在对比关系当中，两者不是并列的，一方的存在是为另一方服务的。

（1）在对比关系中作者的观点站在甲方，而乙方只有衬托价值。世界上的万事万物，有大便有小，有轻便有重，有正便有反，有善便有恶，这就是所谓的辩证思维的体现。当我们强调"读书有益于我们的身心"时，"读书无用"的论调便只能显出其没有价值、没有意义的一面，从而突出前者的意见。

（2）辩证思考是人特有的一种思维方式。当我们说一个人讲诚信的时候，我们可能会想起经历过的不诚信的人与事，当我们在文章中提及曾经遭遇的不诚信时，是通过材料和感受上的比较，来突出强调"诚信对一个人有更大的价值"——诚信的人是令人尊敬的，诚信的人才能有更大的胸怀，才能造就伟大的事业，等等；而那些不讲诚信的人，不仅得不到人们的尊敬，也不会有大的格局，更因看重眼前的一点点私利而输掉整个未来。

二、在文章局部形成的并列和对比

除了我们在全文视角下组织材料关系时会考虑并列和对比，在文章的局部也时常出现这两种关系。在作家梁晓声的散文《我的小学》一文中，作者所怀想并讴歌的是他的语文老师，那是一个处处爱护、关心他的真正的教育工作者；而当年的班主任对他随意呵斥、不尊重孩子的种种表现，则给人同样深刻的印象。造成这种印象的就是作者在文中使用对比造成的效果。

局部的并列和对比几乎可以随时出现、随时结束，究其根本，这是我们所特有的常见思维方式。作家季羡林在《我的童年》一文中，第一个小标题便是"最穷的村中最穷的家",这个标题就有鲜明的对比意味。文中,作者说:当时全中国的经济形势是南方富而北方穷。而在山东,是东部富而西部穷。我们县在山东西部又是最穷的县,我们村在穷县中是最穷的村,而我们家在全村中又是最穷的家。——这样比较下来,他童年的生活条件、环境,读者自是心知肚明。

即使在议论文中,这种局部对比也是常见的。伽利略在论证"我们的知识是有限的"这一观点时,开篇就说:"人们在认识事物时处于这种境地:知识愈浅薄的人,愈想夸夸其谈;相反,学识丰富倒使人在判断某些新事物时,变得非常优柔寡断。"

在青少年写作当中,开头和结尾常使用的排比手法,往往是并列呈现的特有方式,是一种一学就会的方法。某种意义上,并列思维可以让句子自我繁殖,如一名学生在《身边的感动》一文中,开篇即说:"生活就像一杯咖啡,感动是缕缕醇香;生活就像一壶热茶,感动是丝丝温暖;生活就像一簇鲜花,感动是片片绚丽。"——且不论这样的写法如何,至少体现出作者对并列思维的运用很熟练。作者以"生活就像……,感动是……"的并列句式,完成了一种句式上的"自我繁殖",从而打开了写作的思路。

当我们在刻画一个人的时候,我们采取的也往往是局部并列和对比的思路(手段),因为你要想把一个人在你脑海中的模样文字化，就难免从他最有特点的五官、服饰、举止等写起，而有时甚至会以对比的方式来体现人物的鲜明。比如在冯骥才的《俗世奇人·泥人张》中，泥人张捏的海张五长什么样？作者说："这泥人真捏绝了！就赛把海张五的脑袋割下来放在桌子上一般。瓢似的脑袋，小鼓眼，一脸狂气，比海张五还像海张五。"——这里的刻画就是并列和对比的艺术手法的综合，也有夸张的成分。除了文中局部的并列，"段落的构成"的并列也是一样。比如，在形容海张五长什么样的问题上，冯骥才给出的几句话所构成的段落中，用的也是并列和对比的方式。

综合看来，并列关系和对比关系是在行文思路中常见的两种思维方式。这些方式的存在，对我们在全文结构上展示内容，具有很强的意义。

第 4 课
选择合适的文体

青少年写作中,势必遇到文体的限定问题。即使大型考试的要求中不限文体,你也不能写成"四不像"的文章。这种难以归类的文章,很容易给读者造成阅读、鉴赏上的困难。

常见的文体有记叙文、议论文、说明文、应用文、想象作文,等等。在我们的意识中,有时文体的划分不那么严格,于是干脆把散文、随笔、日记、书信、游记、调查报告、写景状物、写人记事等进行并列,或纳入记叙文的范畴,不考虑它们的内涵和外延,其着眼点在于它们的独立性。如果不是从学术的意义上探究文体的内涵和外延,我们倒是不必过分较真这一点,按照我们日常所接受的进行处理就可以——把上述东西放在一起,只要对我们的独立成文有价值,都是可以的。

我给青少年强调的是:不管你是否喜欢,你应该把对

青少年写作训练 提分篇

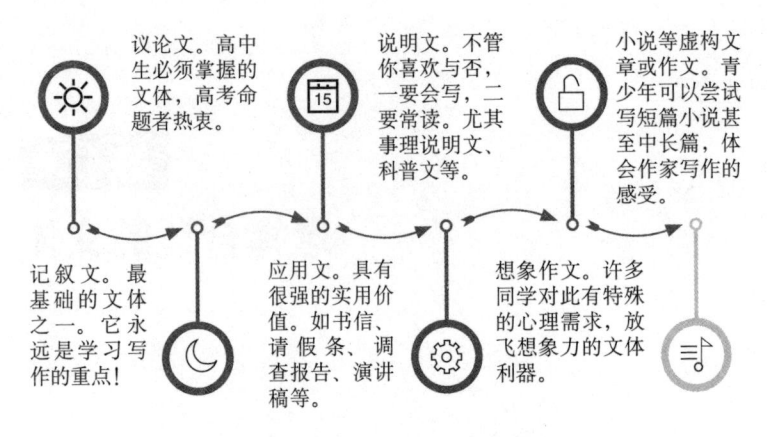

- 议论文。高中生必须掌握的文体，高考命题者热衷。
- 记叙文。最基础的文体之一。它永远是学习写作的重点！
- 说明文。不管你喜欢与否，一要会写，二要常读。尤其事理说明文、科普文等。
- 应用文。具有很强的实用价值。如书信、请假条、调查报告、演讲稿等。
- 小说等虚构文章或作文。青少年可以尝试写短篇小说甚至中长篇，体会作家写作的感受。
- 想象作文。许多同学对此有特殊的心理需求，放飞想象力的文体利器。

文体是一种容器，承载的东西不同而已

记叙文的掌握放在第一位。在此，记叙文的概念可以宽泛一点，包括了常见的记人作文、记事作文、写景状物作文、散文、日记、书信、游记和想象作文等。而说明文和议论文，可以放在相对次要的位置上。原因如下：

议论文相对简单，入门容易，写起来容易上手，并且常常是在高中阶段写得较多，在初中、小学阶段还是以记叙文为主。说明文相对也简单易学。说明文主要掌握的是常见的几种说明方法，以及平实的语言风格。我个人觉得，说明文对创造性的要求相对不高。而记叙文是一切文章的基础，同时它涵盖的东西多，想要灵活掌握不容易，非拿出更多的时间不可。当然，这并不是说一个能写好记叙文的人就一定能轻松掌握议论文和说明文。

第4课 选择合适的文体

一、记叙文

我想再一次重申：青少年一定要充分重视记叙文的写作。这是一个人写作最基础、最能表现其写作功底的东西。因为记叙文对各种写作手法的操练是最全面的。与此同时，在青少年的写作过程中，记叙文涵盖的写作形式最多。叙事散文和抒情散文、日常随笔、日记和书信等都可以视为记叙文（日记、书信等是明显的应用文，但因其在写作中内容上偏重记叙，所以我们也将它们看成记叙文的一种），更不要说常见的写人记事、写景状物的正统记叙文！所以在日常的训练当中，我们不要错过每一次练习写记叙文的机会，尤其是初中生不要用以"自由翻飞的思绪"为特征的抒情文，代替记叙文的写作——这很常见！为什么会出现这种情况？

记叙文必须处理故事情节（事件），但在抒情散文中，故事情节可以是部分的、局部的、不完整的，这些情节的片段只是为抒情服务。而在记叙文当中，抒情往往是一种令作者的思想感情得以升华的手段。记叙文的写作侧重对整体事件、故事情节的完整叙述、刻画，所以训练的写作技巧更多。而青少年尤其是初中生，随着抒情意识的大爆发，在写作时以抒情（时常只是个人的思绪）为手段，导致"抒情流水账作文"非常常见，内容浮泛、情绪疏离、情节短缺，造成文体特征不明显，不经细看——表面看文章里的个人思绪飞扬，甚至会有华美的一面，但细看却给人内容空洞，甚至是无病呻吟之感。

所以我们在写作过程当中，要逼着自己构思整体的故事情节，要逼着自己写出完整事件——来龙去脉都要交代清楚（这是记事作文的关键），对写人作文而言，则另有其标准。

同时，如果记叙文得到了良好训练，你在应对各种作文题型时会更游刃有余。现在的考场作文，越来越淡化审题，越来越不怎么限定文体。同样的一道作文题，如果你对记叙文的各种类型都很擅长，你可以避开众人的选择，写出独具个人风格的某种文体的记叙文。比如，以书信的形式、日记的形式来写的记叙文，往往可以在考场上从众多正统记叙文中脱颖而出。

再者，青少年在辩证思维能力上成熟度相对不高，如果一味发表常见的议论，便难以出彩。当然，这不妨碍我们训练写议论文。

二、议论文

不管从哪方面说，议论文在青少年写作当中，占有第二重要的位置，我认为是恰当的。对高三的学生而言，也许

第 4 课　选择合适的文体

议论文要摆在第一的位置上,这有现实的一些原因,比如高考作文对思辨的重视,以及高三学生在这个年龄段对思辨的热爱。但是,纵观青少年写作的整体情况,议论文恐怕只能屈居第二。

议论文的写法虽然多种多样,但从青少年运用的实际看,主要有两种,次要的有一种。主要的两种可以界定为正统议论文和哲思议论文,次要的一种是驳论文。

（1）正统议论文。我给青少年写作的一个意见是:学写议论文,最好从正统议论文开始。"正统议论文"就是指传统的、中规中矩的议论文,带有较强的模式性（此处的模式指它的结构而言）。它常常是以提出中心论点—给出分论点—完成论证为结构。在论证的思路上,有的是层层递进式,有的是并列铺陈式,有的是对比突显式。议论文就是说理,给出你的道理,证明你的道理。

许多青少年苦恼于写不出满意的正统议论文,主要原因有:1）提出观点不容易,提出令人大感敬佩的观点更难;2）感性认识大过理性认知,理性逻辑思维的能力不强,导致论证过程难以自圆其说;3）缺乏对思辨的兴趣。针对第一条,其实就是对命题所给的材料抓不住核心,读得不够透彻,故而难以提出十分精彩的意见。这要求我们有很好的问题意识,要打破"语文学习不过是背诵、积累点文章而已"的错误论调,培养自己的问题意识。

（2）哲思议论文。和正统议论文相比，许多青少年倾向于哲思议论文的写作，究其本质，是希望在表达上有更大的自由度，不希望被"正统议论文"的结构模式所束缚造成的。哲思议论文的结构灵活，满足了青少年喜欢自由、不被束缚的特点。所谓哲思议论文，主要是作者以较强的哲理思考来表达自己对生活、对事件、对行文的某些意见，故而在某种意义上，往往采取一种"漫谈"的姿态。比如"漫谈读书"这样的话题，不仅可以相对自由地发表对读书的独特意见，还能充分融入自己阅读的生命体验，而不是像在正统议论文中那样，发表"开卷有益并非绝对"这种带着非常格式化的证明。

（3）驳论文不常写，但写得出彩容易得到更大的肯定。在一般性的考试当中，驳论文是"稀有品种"，所以阅卷者见了往往会高度重视，如果作者能一语中的，针对批驳的靶子进行有力的论证，并提出自己更高明的意见，那么在考场当中往往更具优势。对驳论文而言，其关键就在于抓住对方的核心观点，有步骤、有层次地去反驳。

三、应用文

应用文是青少年写作过程中不能回避的一种文体。从

第 4 课　选择合适的文体

最简单的请假条开始,到相对复杂的书信,以及须充分了解的调查报告、演讲稿等,我们对应用文的学习其实很全面。应用文的核心价值在于它的实用性,而非文学性。所以,一张请假条,只要说清你请假的理由、请假时间,加上必要的称呼和落款就成了。某种意义上,请假条是缩小了的书信,放弃寒暄、放弃细说而直奔请假的主题,达到传递信息的目的就可以。而书信则是放大了的"假条",加入寒暄、加入细节、加入事件、加入思念,就成了一封书信。

纸质的书信在今天已经稀有,但其实用性依旧没变,在最广泛的应用层面,变成了电子邮件而已,但是表达对远方亲人、友人的思念,探究深度话题,表达思想感情的价值是没有改变的。在你未来的职场上,规范化的公司管理中,许多工作的交流、交接都是用电子邮件完成的——简单的寒暄,层次分明的交流,言简意赅的表达,所以灵活运用书信还是必要的。

演讲稿是另一种具有高度实用性的应用文,并且它还需要作者在精心准备过后,当众表达出来,常常需要脱稿表达。青少年演讲时常常以激情支配自己的想法,甚至出现豪言壮语、振臂高呼的姿态。其实想想,这只是一种常见的演讲方法,对一个想通过演讲传递某种观点的人来说,理性的演讲也许更有价值,所以我常常建议学习演讲的青少年:减少那些激情澎湃的句子,容易陷入空泛的话语,尝试写一点理性的话语，这样的演讲不仅能传递知识，更能引起听众的思考。相比而言，知识性、理性的演讲更可贵。

调查报告是青少年在寒暑假中经常要写的一道作文题，但实际上许多青少年不很重视，常常像走过场一样应付过去。不少老师对青少年写调查报告也没有过高的期待，美其名曰：练习调查报告的格式。应用文固然要重视格式这种形式上的东西，但真正有用的还是内容，而不是格式。如果你给亲人写信忽略了寒暄，忘记了称呼要顶格，实际上造成的后果不算严重，但如果你的信件内容空洞、感情虚假，即使格式再标准，也会令人不快。调查报告自然也有一定的格式，但这个格式有逻辑性，从命题的提出、调查的方法、调查的过程、采集的资料、资料的分析到结论的给出，其实是对调查流程的如实记录。其中的分析和结论是作者依据材料得出的。建议青少年在学习过程中，拿出认真的态度，进行一次有真实数据的调查，甚至可以走上街头做问卷调查。如果能深度做一次调查，认真写一稿，再反复修改一番，你对调查报告的认识不仅是深刻的，还可能是颠覆式的。

要知道，对学习而言，所有的走过场应付的都是你自己。

四、说明文

和有故事的散文、记叙文，有精彩见解抒发的议论文等相比，说明文给人的感觉常常很平实，难以在人们心中掀起波澜。但如果将来你想从事科学研究的话，还是要重视说明文。如果你既能写出一篇平实的事物说明文，又能写出一篇逻辑性很强的事理说明文，甚至是科学小品文，我想，你可能对说明文的认识会超过一般的青少年。对不少科普作家而言，他们的文章乃至小说都离不开说明文的写作功底。那种探究事物规律的逻辑性书写，也往往令人上瘾。

五、想象作文

跟上述应用文、说明文相比，想象作文对青少年时期的写作更有价值，不仅考试中遇到的频率更高，并且可以成为你出奇制胜的一把利器。当大家面对不限文体的命题时，主动写实的人往往更多，而主动写说明文的人则很少。在日常学习当中，我建议青少年在充分想象的基础上再动笔写想象作文，避免所写的想象作文徒有形式，只是给自己的作文套上一件想象的外衣。人的想象力一旦开启，便可能进入不受束缚、无边无际的幻想当中，如能充分地加以运用，写出结构严谨而想象丰富的好文章，可以赢得所有人的赞叹。想象作文和写实作文不一样，后者依赖人的生活经验和日常逻辑，而想象则是思想摆脱日常经验和逻辑的自由飞翔，故而可以创造出惊人的篇章——当然，这对整体构思提出了更高的要求。

六、虚构的小说

你有过想写小说的冲动吗？在诗歌、小说、戏剧和散文这四大文体当中，小说有着极强的魅力。然而很少有青少年能投入小说的创作中，一旦有青少年创作的小说得以发表，其带给人的惊喜和震撼是不言而喻的，但这并非不可能！

对有丰富想象能力的青少年而言，与其抱怨日常生活的平庸、平淡，不如利用业余时间创作小说。而创作小说既可以从短篇开始，也可以一开始便"拥抱"长篇——至少我们有这样的自由。

小说当然是虚构的，但大部分小说又和我们的生活息息相关——至少现实主义作品是这样。写小说首先要做的是喜欢读小说，懂得小说是什么，从而可能产生创作小说的冲动。作为纯虚构的作品，我们在训练时，可以从剥离自我开

第4课 选择合适的文体

始——尝试着将"自己"从日常生活中剥离出来,而以虚构的方式记录一整天的事件。有人难免要问:小说不是虚构的吗?而记录一整天的真实生活,如何写成小说?就我对小说写作的感觉而言,我觉得再也没有比自我剥离,从而将真实发生的故事化作小说中的情节更有意思的了。所谓"自我剥离",是切断自己和生活的真实关系,将一整天发生在自己身上的故事,当作发生在小说主人公身上的故事来写,从而令其成为一部小说的一个构成——这是不难理解的。这样做可以训练我们对小说的感觉,首先避免素材匮乏、全书构思等难题。当你找到了写小说的感觉时,再着手完成真正的小说也不晚。

第5课
议论文要一针见血式说理

抒情和议论有着鲜明的差别,一个希望以情动人,一个旨在以理服人。就两者的差别而言,它们有霄壤之别。然而就文章的几种表达方式——叙述、描写、说明、抒情、议论而言,我觉得抒情和议论是在一个维度之内的。某种意义上,它们处在同等重要的位置上,并且有来源上的同一性:都是来自作者主观的、内心深处的个人思想的体现——一种体现为情感,一种表征为议论。

而其他三种手段所触碰的、所指向的乃是"客观"——叙述指向对客观发生的事件的梳理,无论直叙、倒叙、插叙还是补叙;描写指向的是对客观存在的人与物的描摹,不管是对人物进行动作、语言、神态、肖像的刻画,还是对物的描摹,除了引发作者的联想和想象的文字是主观的,大部分都必须指向客观;说明文更是如此,客观描摹是说明的灵魂,故而以平实为根本,就连说明方法中的"比

第5课 议论文要一针见血式说理

喻"都只能叫作打比方,而不能以文学化的概念来界定,说明文中的描写也只能被叫作"摹状貌",这是有趣的地方。

在议论文中,议论是当然的主角。议论文是发表见解的文章类型,考验的是作者的思辨才能。一名学生到了高中,为了迎接高考是一定要过这一关的。过这一关说容易很容易,说难也很难。容易在于议论文在结构上可以沿用一些"格式",尤其是常见的"中心论点—拆分成分论点—分别论证"的思维模式,这在高考议论文中相当常见。我们甚至可以将其视为一种传统议论文的结构范式,这是它的简单之处。

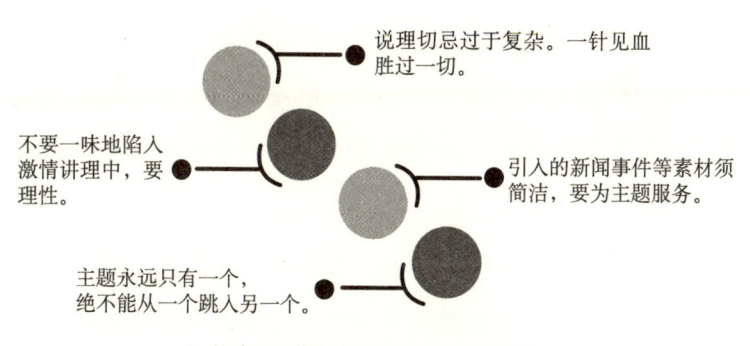

- 说理切忌过于复杂。一针见血胜过一切。
- 不要一味地陷入激情讲理中,要理性。
- 引入的新闻事件等素材须简洁,要为主题服务。
- 主题永远只有一个,绝不能从一个跳入另一个。

议论文写作在发表意见时的注意事项

议论文不容易写好的地方在于,如何提出一个精彩的见解。一个没有多少看法的人,就难以提出精彩的意见。没有精彩的意见,何谈议论文的精彩?攻克这一难点,仅仅依靠写作技巧是不行的,必须养成良好的思考习惯,努力让自己拥有一个"问题意识"——学会提问是我们学习中的一大痛点。长年的灌输—记忆—复显的学习模式,让许多学生失去了主动发问的意识。有老师在课堂上做过一个实验,每当一个问题解答过后,便询问:"有什么问题吗?可以举手提问。"一般情况下没人发问。这是思想的怠惰!一个不会发问的学生,是绝难冠以一个"好学生"之名的,即使成绩很好。学习的一大目标是养成良好的问题意识,这样才便于你日后能在研究领域发现问题,进而探寻解决问题的方法。如果连发问的能力都没有,何谈发现和研究?

在说理方面,我们须克服以下几个常见的问题。

(1)说理切忌复杂化。说理本是一件简单的事情,就是把你的看法表达出来而已,所以说理需要的不是长篇大论,而是一针见血。你看鲁迅先生的杂文,大部分都是简短的,也因而更有力量。把说理复杂化,容易陷入自我循环甚至矛盾当中。

(2)不要被激情所支配,而要循着你的理性走。青少年的情感是丰富的,感情是激越的,也就是容易激动。所以每当写议论文的时候,容易犯一个毛病——行文时被自己的激情所支配,而不是被自己的理性所支配。被激情支配的写作,可以令作者在写作过程中感到一种身心的愉悦,其实是一种生理上的舒适,但其结果可能偏离议论文的初衷。比如在一篇《成才之路,贵在成人》的议论文当中,作者

第5课 议论文要一针见血式说理

说:"尊崇'自然成长'的成才之路非一味地追求'才'的结果,而是更看重过程的自然与真。丰子恺说:'教养孩子的方法很简便,教养孩子,只要教他永远做孩子,即永远不使其失却孩子之心。'若在成才路上蓦然回首,或许我们会发现,当我们满腹经纶时,已经失去了背诵'鹅鹅鹅,曲项向天歌'时的率真、纯洁、自然、热情、烂漫、可爱、表里如一、精力充沛。随着年龄的增长,在生存压力的胁迫下,在社会文明的浸染下,一路走来,这些可贵的品质所剩无几。李贽言:'童心者,真心也。'若是在成才的路上,我们慢慢成为只讲功利的人,便是失却童心,即失却真人。'人而非真,全不复有初矣。'已忘初心,又何能方得始终呢?"——在作者充满激情的论述当中,"满腹经纶"变成了一个贬义词,其实它说的是人有才学、有本领,其同义词是学富五车、是博学多才,一个人自幼背诵诗文,所为的不就是"学富五车、满腹经纶"吗?而"胁迫"的主体应该是人,作者又说"在社会文明的浸染下,一路走来,这些可贵的品质所剩无几",试想:社会文明本是好的东西,何以和"浸染"搭配,而戕害到人?同时作者引用了不少名人格言,如丰子恺、李贽等,这些格言是不错的,但又如何证明人"已忘初心"?纵观作者行文的思路,始终被一种激情所支配,以至于失去了基本的逻辑论证,故难以服人。

(3) 引用新闻事件要恰当,多个引用不等于说理。有一名高中生，我在批改作文的过程中，发现他犯了一个典型的错误，就是连续引用新近发生的新闻事件，把新闻事件当中固有的公平、正义等当作自己的观点，其实他是想证明对公平和正义的看法。但因为过多引用新闻事件本身，甚至用心"雕琢"新闻事件的细节（其实它们作为例证，交代清楚就可以），从而导致文章的篇幅过大，同时把该说理的地方叙事化了。——当然，不只新闻事件作为素材，即使是历史素材，我们在议论文中的运用也不宜过分细节化，取其大概足以证明自己观点的内容就可以了。

在这样连续引用和雕琢的过程中，作者以一两句议论来连接不同的新闻事件，给人造成一种"时评"的感觉，并非以自己的观点一以贯之。

（4）必须围绕一个主题展开，不能陷入跳跃性说理。青少年从初中高年级开始，就会对说理产生浓厚的兴致，在写作中容易犯的一个毛病是从一个主题跳到另一个主题而不自知。他本来只是想说明开卷有益，然而在论证的过程中，因为对国人阅读率不高而心生不平，于是悄然开启了对国民阅读率过低的论述，又提出了全民阅读的观点，希望全社会营造全民阅读的良好氛围。这样写出来的文章，变成了一种多主题（两主题）的文章，作为读者我们会一头雾水，作者由开卷有益跳入提高阅读率必须实施全民阅读计划的观点上来，给人的感觉有点错乱。更有的青少年作者，在写作议论

第 5 课　议论文要一针见血式说理

文的过程中，不知不觉地加大了文章的篇幅。有一位同学面对要求800字的议论文，竟洋洋洒洒写下了2800字的宏文，甚为壮观。他自己都感到十分惊奇，何以不再害怕写作文？自己一看，居然可以拆分成三篇不同主题的作文——这是真实发生的事情，绝非笔者虚构的"故事"！

议论除了在议论文当中唱主角之外，在其他文体当中也有"戏份"，但主要是配角。不过这样的配角有时也是点睛的关键，在这一点上，我觉得它和抒情有相通的功能，和抒情一样运用得非常广泛。比如在《闻一多先生的说和做》一文当中，作者在结尾处说："闻一多先生是卓越的学者，热情澎湃的优秀诗人，大勇的革命烈士。他，是口的巨人，是行的高标。"这就是典型的议论，表达了对闻一多先生一生风采的见解。

议论像抒情一样，可以和记叙"捆绑"在一起，能更好地融合起来，所谓夹叙夹议是也。当你在叙述过后立即融入一两句议论性的句子，往往可以升华整个情节、事件。

第 6 课
说明文不需要情感和技巧

说明文在考试当中的地位，是不能和记叙文、议论文相提并论的。我们很少见到在重大考试中要求青少年写说明文，也很少在有奖征文当中见到它的身影。但实际上，说明文对我们准确地认识事物、认识世界是很有帮助的。

以说明为主要手段的作品，常见的有两种，一是事物说明文，向读者介绍一盆花、一个雕塑、一座桥梁，如我们耳熟能详的《中国石拱桥》《苏州园林》等，都是这方面的典范佳作。而另一种则是事理说明文，包括了读者喜欢的科普作品。事理说明文侧重的是内在的科学道理，本身就具有很强的科普性，只不过有的侧重科学本身，有的带有较强的文艺性，从而形成了科学小品文。但不管哪种，都是以通俗易懂的话语，向广大读者（非科学家）讲述科学的道理。

说明文的第一个要求，就是语言的平实。如果说记叙文需要良好的叙述、描写来支持，并需要很好的抒情意识、

第6课　说明文不需要情感和技巧

议论思维来实现画龙点睛，而议论文则须亮出鲜明的观点，并证明你的看法，它们在语言上都带着浓厚的情感色彩、思辨色彩，而说明文所需要的恰恰是一种零度叙述——一种不需要饱蘸作者情感、夹带思想意见的陈述方式。

在修辞学当中，修辞学家对修辞的定义是一种偏离，正偏离导致好的审美效果，负偏离导致不良的叙述效果。而说明文的平实要求，则需要不偏不倚的客观叙述，这是说明文语言表达的一个特殊要求。我们首先看一个简单的例子，并简要分析。

石拱桥的桥洞成弧形，就像虹。古代神话传说里，雨后彩虹是"人间天上的桥"，通过彩虹就能上天。我国诗人爱把拱桥比作虹，说拱桥是"卧虹""飞虹"，把水上拱桥形容为"长虹卧波"。（茅以升《中国石拱桥》）

茅以升先生对"桥"的叙述是平实的。尽管作者用了打比方的说法，把石拱桥比作"虹"，并进一步延伸，对古代神话中、中国诗人眼中的"虹"做了一番说明，但其语言的平实是典型的说明性的，而非散文的语言。如果我们把它们改成散文的语言，会是怎样的一种效果呢？可能变成了："当我靠近这座石拱桥时，我的眼前仿佛出现了一道美丽的彩虹。我仿佛置身在古代神话传说中的'天上的桥'，踏上去一伸手便触摸到天门一样。站在桥头上，大有一种'闲立飞虹远兴长，一方云锦荐疏凉'之感。"

　　散文的语言和说明文的语言有着质的不同。一种是必须凝结作者思想、情感于字里行间，甚至寄寓着作者特定志向的。而说明文丝毫不能容纳作者的志向和思想感情，必须以交代清楚说明对象自身的特征为目的。在上面的文字中，作者是以打比方的方式给读者"制造"中国石拱桥的形象而已。

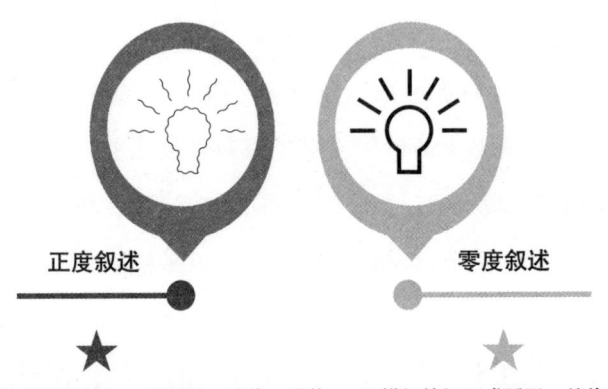

正度叙述

★ 眼前的桥洞是一道弧形，就像一道绚丽的彩虹。啊，真美！
（这样的表达在于表达作者的情感）

零度叙述

★ 石拱桥的桥洞成弧形，就像虹。
（这样的叙述不强调作者情感，强调的是如实观照）

零度叙述的原则：如实观照

　　在后面的内容当中，作者给出了一堆数据，都是异常准确地向读者介绍赵州桥的具体情况，如："赵州桥非常雄伟，全长50.82米，两端宽9.6米，中部略窄，宽9米。"这

第6课 说明文不需要情感和技巧

样的数字集中在一句话中,是不会存在于散文、记叙文当中的。在散文和记叙文当中,即使你要告诉读者类似的意思,必须以感受来描述,而不是具体的"冷冰冰"的数据。

零度叙述的技巧是什么?用一句话概括,就是"如实观照"——不附加作者的思想感情,而把眼中看到的以客观的心态写出来。即使写事物的美,也是一种客观的美,比如在《落日的幻觉》一文中,作者说:"日落确实很美,色彩绚丽,变化多端。""色彩绚丽"是眼睛对落日的自然反映,而"变化多端"也是人们自然能目睹到的,并非只有作者的心灵才能感受到,而读者需要适应作者才能引发精神的共鸣。如果作者不是零度叙述,而是融入自己的情感、感叹等,则至少会说:"落日确实很美,它是如此的绚丽多彩,是如此的变化多端啊!"你看,这样写便是感叹句,而感叹句是作者因自己的情感而发出的,绝不是"如实观照"。

在一篇介绍其内在原理的说明文当中,作者不仅如上所述,还要告诉读者:"观赏者不会想到吧,这些奇异景象竟然大都是幻觉,夕阳本身没有任何变化。"作者继而要以科学的道理解释给读者,并从1871年英国科学家的研究发现说起。换作一个散文家的话,他必着力刻画出夕阳的美才肯罢休;而对那些豪情万丈的诗人来说,不发出惊人的诗句是不肯罢休的,正所谓"语不惊人死不休"。但对说明性文章而言,着力刻画夕阳的美、写出异常美丽的诗句都不必要。

故而,"如实观照"的零度叙述,首先是克服自己的感情冲动,要牢记绝不发表自己的感叹,保持一种中立的、客观的叙述,既不褒扬它,也不贬低它,而着力写出它的样子。

我们知道,说明文中存在许多说明方法,这是青少年在常年学习中深刻体会到的一点,比如打比方、下定义、分类别、作比较、列图表、摹状貌,等等。这些说明方法的定义本身就是以平实的语言完成的,放在其他的文体如散文当中,打比方其实就是比喻,下定义可以看作一种特殊的叙述,作比较是一种说明方法,对照、对比、烘托等表现手法可以增强艺术效果,摹状貌则是典型的刻画手法。而列图表、列数字往往不常使用,是说明文"如实观照"的一种独特的手段。

这里我仅以打比方这种常见的说明方法来解释说明文中的"如实观照"。

打比方就是比喻,是以日常熟悉的、更形象的东西来说明一些人们不大熟悉的、相对抽象的东西,从而令你说明的对象在读者头脑中快速建立起形象感——和散文中的比喻常常兼顾语言的美相比,说明文中的打比方着眼于真实。上面的例子中,作者说:"石拱桥的桥洞成弧形,就像虹。"这是典型的打比方。人们对桥洞的印象一下子生动起来,谁没见过天上的彩虹呢?但并非人人对石拱桥的桥洞有细致的

第6课 说明文不需要情感和技巧

留意。如果作者不想如实观照,而是想融入自己的思想感情,他至少会说:"就像天上美丽的彩虹。"不要小看一个形容词"美丽",放在这里就加强了作者的主观看法。如果想更进一步,作者甚至可以说:"就像一阵暴雨过后出现在美丽天空中的一道彩虹。"打比方或比喻这种手法,对人们的认知来说,能产生一种不可替代的效果。再复杂的东西,只要运用比喻、打比方来描述,立刻会生动形象起来。而在说明文中,一旦你运用打比方,所说明的对象就更形象了。但说明文中的打比方和散文中的比喻,作者从主观或客观去写,形成的效果是不一样的。讲究平实的、如实观照的客观,是说明文行文的首选。

第 7 课
线索在动笔之前就要想好

虽然线索是文章的构成要件之一，线索也常常出现在各种文本分析中，但我发现青少年在学习过程中，对线索的认识和运用，常常难以提到结构思维的高度来认识，甚至有某种忽略的、意识不到的程度。其实，对写一篇作文而言，越早领略到线索的实际好处，越能对写出精彩的结构、优秀的文章有切实的帮助。它是最容易被感知的一个文章结构要素。

线索是文章结构的一个要件。即使是一名普通的读者，他在阅读过程中，总能被一条或两条若隐若现、若有若无的线索所牵引。越是成熟的读者，对文中各条线索的认识越发清楚。我们写文章的时候，有时是不自觉地在它的牵引中完成写作，越是成熟的作者，越能时刻注意线索的存在，甚至能巧妙安排两条线索的存在和交织。

任何文章都有线索可言，没有线索贯穿全文的文章，

第7课 线索在动笔之前就要想好

几乎是不存在的。只是在不同的文章当中，充当线索的要素是一样的。对线索单一的文章而言，一个人、一个事物、一种情感都可以成为文章的线索。如果我写一篇《骆驼祥子》的读后感，这本书的内容本身可以成为全文的线索，祥子的命运变化可以成为线索，我对祥子或其他人物的思想感情也可以成为文章的线索——你着眼某个角度并"延长"这个角度。这里的"延长"可以理解成牢牢地抓住它，使之成为全文的一条线。

无论是一篇文章，还是一部小说，其实都是特定内容的聚集，与文章和作品意义无关的内容都不要体现。而作者在写作过程中，牢牢抓住一条线索，就能让所有的文字内容符合全文主旨。

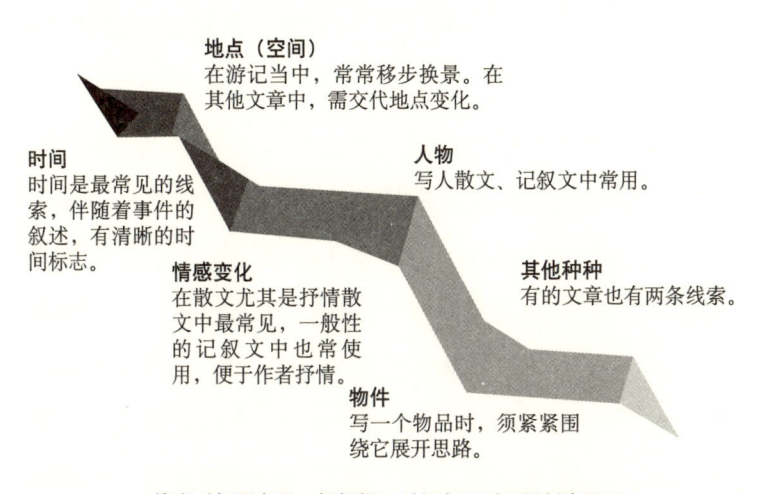

地点（空间）
在游记当中，常常移步换景。在其他文章中，需交代地点变化。

时间
时间是最常见的线索，伴随着事件的叙述，有清晰的时间标志。

人物
写人散文、记叙文中常用。

情感变化
在散文尤其是抒情散文中最常见，一般性的记叙文中也常使用，便于作者抒情。

其他种种
有的文章也有两条线索。

物件
写一个物品时，须紧紧围绕它展开思路。

线索对初写者是一根拐棍，时间久了则不再刻意需要

我发现，青少年在写作文时，未必能透彻理解线索的意义，但几乎人人都对线索无师自通。你没有意识到自己在写游记时，其实已经在运用"以游览的顺序"为线索；在记录一件事的过程中，已经"以时间"为线索；而在讴歌父爱的文章中，则"以自己的情感"为线索，诸如此类。在复杂一点的文章当中，也会有明线和暗线两条线索。充当暗线的往往以情感或情感的波动、变化为线索。

　　情感是某些类型文章的天然线索，尤其在以怀人散文、抒情散文、叙事散文中十分常见。我们为什么要写文章？究竟要表达什么，而在这"表达什么"当中，表达我们真实的情感是最常见的一种。许多时候，文章的缘起全赖作者的情感。正是在某种情感的支配下，比如思念、感恩、感动等，我们才不由自主地拿起了写作的笔。而在一个字一个字写的过程中，一行行的文字得以出现，它们的背后其实涌动着作者真实的感情。纵向去看这条情感线，它常常是起伏波动的。

　　时间是某些以叙述为主体的文章的天然线索。事件是时间当中的事件，再伟大的作家也无法创作出没有时间存在的事件，即使他有意模糊、隐藏时间的存在，也不能忽略这一点。故事随着时间的绵延而出现变化，随着时间的流逝而终会结束。所以，当你在写一般性的记叙文时，紧紧抓住时间这条线，不仅能写出事件的完整过程，还能令

第 7 课　线索在动笔之前就要想好

整件事的过程有条不紊。读者的思绪只要不从时间这条线上走脱，你的故事便能顺利被读者全部接收。

地点往往是游记的天然线索，也是记叙文当中需要考量的重要线索。地点就是位置、就是环境，地点的变化给读者造成阅读上的空间变化。如果不能及时告知读者这种变化，容易给读者造成阅读上的障碍。所以地点的变化，需作者及时告知。这样便形成了一种以"地点"为标识的线索特征。

各种物件都可以构成文章的线索。当你在写一本书的读后感时，这本书本身就可以是读后感的线索；当你关注花园中的一株树时，这株树或它的某种特点便可以成为你行文的线索。线索是重要的，有如下几个方面值得我们细致思考。

第一，是否在构思时便考虑线索的存在，并依据线索行文

一般来说，早一天形成线索意识，并牢牢抓住线索写文章，那么你的写作便早一天变得轻松。在一篇记叙文、散文当中，在构思时便确立一条线索，是保障全文顺畅的关键。比如，当你写一篇记人作文时，对这个人的感情变化完

全可以成为行文的线索，也许最初你们是陌生的，偶然的机会令你们相识，相互欣赏，成为知己，然而中间也有过怎样的误会，导致两人的友谊有过危机。这种思想感情的起伏变化反映到文章中，完全符合"文似看山不喜平"的规律。如果你能紧紧抓住对这个人的思想感情的变化，就能以不同的情感带出不同的故事情节，这样便容易写好这篇记人作文。

第二，不同的文章考虑不同的线索

对记事文章而言，其关键是写出整件事的来龙去脉，包括事件中的小细节都要考虑。而事件是随着时间发生、延展的，那么最基本的考虑是把时间作为文章的线索，只要能写出关键时间节点上的故事，确保情节的完整性，那么就能提高写作成功的概率。

而对记人作文来说，一个人之所以值得你花时间写出来，势必因他的故事、他的思想、他的某些方面的事迹，以及他和你之间的特殊关系而造成的，那么两人的情感（因两者关系密切造成）或你对他的情感（单边的情感，如暗自敬佩等），或这种情感曾发生惊人逆转（如最初很讨厌一个人，后来因了解而敬佩），都可以成为文章的线索——情感作为线索。

第 7 课　线索在动笔之前就要想好

而对写景状物的文章来说，从特定角度切入来认识特定的景物，是作者必须面对的一件事。当你把眼前的一株花呈现给读者时，你从哪几个方面来说？这就涉及写作的顺序问题。同时，我们怀着怎样的情感来谈这株花？这种思想感情也可以作为行文的线索。写景的文章较为特别，一般来说，移步换景导致移步者的视角发生了变化，这种变化也就成了天然的线索。

第三，选择线索的自我训练

也许你未必喜欢线索这种东西，因为它在有些文章中是鲜明的，在有些文章当中则是隐性的——就像一个潜伏在你身边的密探，你知道他的存在，但你不知道他是谁——这多令人烦躁啊。但要想写好文章，线索意识不可少。在你动笔之前的酝酿过程中，如果你能抽出一分钟时间思考，如何安排一条线索，那么你的文章也许会是另一番天地。

如果我们写一个人，以我们的情感来安排全文线索，读者是可以清晰看到你对这个人的感情变化的；如果选择时间作为线索，叙述"我"和他之间的故事，读者是可以清楚看到两人关系的变化过程的；如果以这个人的成长为线索，则势必要让读者清楚看到他的成长轨迹。所谓线索，一方面可以是作者行文借以发力的抓手，以令文章的推进更有序；一方面可以令读者清晰看到作者的行文思路，从而在阅读过程中跟作者的思路合拍。就像一首音乐一样，当我们捕捉到创作者的思绪变化，感受到其内在的节奏，便能更容易聆听作者的心声。

　　尝试着在动笔之前，选定一条清晰的线索，让自己的文章层次更清楚；也可以尝试对同一篇文章，以不同的线索重新写一篇。我想，只需要历练一次，你就可以体会到线索的意义和价值。当然，对线索而言，没有"非如此不可"的固定模式。以上的方式可以灵活运用，以促使文章变化多姿。

第8课
从写好一个段落开始

青少年在初学写作的时候，常常是从段落开始的。这符合我们学习时遵循的由浅入深、逐步进阶的原则。对小学一、二年级的孩子而言，作文不过是写最简单的句子而已，他们写出来的往往就是一个小的段落。到了三、四年级，青

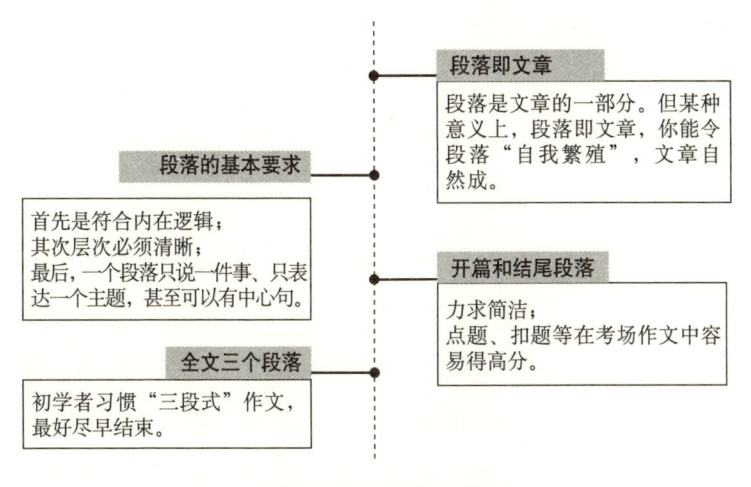

段落即文章
段落是文章的一部分。但某种意义上，段落即文章，你能令段落"自我繁殖"，文章自然成。

段落的基本要求
首先是符合内在逻辑；
其次层次必须清晰；
最后，一个段落只说一件事、只表达一个主题，甚至可以有中心句。

开篇和结尾段落
力求简洁；
点题、扣题等在考场作文中容易得高分。

全文三个段落
初学者习惯"三段式"作文，最好尽早结束。

你能写一段，就必能写全篇

少年在写作中逐渐建立起段落的意识，逐步了解到文章是由段落构成，因此，我们不能忽略段落在初学过程中的意义和价值。接下来，我们聚焦段落本身，从一个微观的视角来审视一个段落的整体构成。

第一，段落宜小不宜大。这是对青少年写作而言的，随着年纪的增长，当他们有了很清晰的层次意识后，段落是可以逐步壮大的。对初学者来说，过于庞大的段落容易给人一种臃肿的感觉，以及内部层次不够清晰的印象。这样的段落会影响读者的阅读体验，而分段处理可以让整个段落的规模小一点、简单一点，让其层次变得清晰。

第二，用小段落追求大张力。好的作者能以最小的段落、最简洁的语言，实现最大的语言张力。阿基米德说："给我一个支点，我能撬起地球。"在写作当中，我们也该努力追求这样的"支点"，从而撬起"全文"，这样就能形成更大的语言张力。假如说一段话啰唆不堪，令人不明就里、不知所云，不仅没有良好的语言效果，还会令读者感到一头雾水。

伽利略在《我们的知识是有限的》一文开篇是这样写的："基于长期的经验，我似乎发现：'人们在认识事物时处于这种境地：知识愈浅薄的人，愈想夸夸其谈；相反，学识丰富倒使人在判断某些新事物时，变得非常优柔寡断。'"——其实，作者开篇就提出了文章的立论，所谓议

第8课　从写好一个段落开始

论文的中心论点，别的一概没有。其观点如此明确、其行文如此简洁。我们用心体察一番不难发现：这样明确给出的观点，无疑就是全文的支点。在我看来，伽利略全文的内容都集中在了这样简洁的一个段落当中。

所以，一段文字最好只说一个见解、只叙述一件事或一件事的一个方面、只叙述一段情节，而不宜将各种错综复杂的内容放在一个段落之内。

第三，对开篇段落而言，追求简洁永远没有错，不要说一篇简单的记叙文应有这样的追求，即使是大部分的文学作品，也常常把简洁的开篇作为全书的第一追求。一个总括式的、高屋建瓴的句子常常带给人好的阅读效果，能造成一针见血的效果，甚至触动人的灵魂。就像我们认识一个人，第一次见面的那一刻，他的话语如果是啰唆不堪的，那么给你的印象往往不佳，这些话语在人的脑海中会留下一团模糊的印记，反而不如一句简洁的话语来得干脆。这也是简洁的美、简洁的力量。比如，《红岩》的开篇就很简洁："抗战胜利的纪念碑，隐没在灰蒙蒙的雾海里，长江、嘉陵江汇合处的山城，被浓云迷雾笼罩着。这个阴沉沉的早晨，把人们带进了动荡年代里的又一个年头。"——这样的开篇有对自然环境的交代，也有对社会环境的暗示，营造出一种庄重、严肃的氛围，对读者深入小说内容有很强的吸引力。

在莫怀戚的《散步》一文中，作者的开篇只有一句话："我们在田野上散步：我，我的母亲，我的妻子和儿子。"只有这一句话，却不仅交代出文章中即将出场的人物，以及他们之间的关系，还交代了故事发生的地点：田野上；故事背景：散步。同时，给读者一种很强的画面感：三代四口人在田野上悠然散步的幸福、和谐之感。在如此简洁的一个小段落当中，作者却能给读者带来丰富的信息，这是每个作者都该追求的。反之，不少青少年须花三四倍的文字量，给出上述信息，导致文章显得啰唆。

第四，开篇的段落追求简洁，结尾的段落又何尝不是如此？

郭枫的《空山鸟语》一文的结尾："我想做一只鸟，在山中。"宗璞的《紫藤萝瀑布》一文的结尾："在这浅紫色的光辉和浅紫色的芳香中，我不觉加快了脚步。"高尔基的《海燕》一文的结尾："——让暴风雨来得更猛烈些吧！"贾祖璋的《花儿为什么这样红》的结尾："花儿这样红，是大自然的杰作，更是人工培育的成果。"鲁迅的《孔乙己》一文的结尾："我到现在终于没有见——大约孔乙己的确死了。"泰格特的短篇小说《窗》的结尾："他看到的只是光秃秃的一堵墙。"

以上文章的结尾都只有一句话，可以说是简洁到了极致，不能再短小精悍了吧？当然，这并不意味着所有的结尾都必须如此。同时请牢记：简洁和简短不能画等号。简短的

第8课 从写好一个段落开始

结尾固然往往是简洁的,但规模稍大的结尾,只要层次清晰、收束有力,同样也是优秀的结尾。举一个例子,莫怀戚的《散步》在结尾时文字不少:

这样,我们在阳光下,向着那菜花、桑树和鱼塘走去。到了一处,我蹲下来,背起了母亲,妻子也蹲下来,背起了儿子。我的母亲虽然高大,然而很瘦,自然不算重;儿子虽然很胖,毕竟年幼,自然也轻。但我和妻子都是慢慢地,稳稳地,走得很仔细,好像我背上的和她背上的加起来,就是整个世界。

作者的结尾文字不少,却营造出一种十分温馨、动人的画面,文中出现的"矛盾"得到了圆满的解决。

第五,关于文章的中心句问题。许多文章的结构是围绕明显的段落中心句展开的。这样的文章可以理解成"概括+叙述",中心句就是概括性句子,其他的句子往往就是叙述和描写。

中心句是鲜明地矗立在一段当中的"擎天巨柱",其他的句子都围绕着它聚集起来形成某种意义。这不仅是文章的一种内在要求,说到底是人的表述思维的一种内在规律。在贾祖璋的《花儿为什么这样红》一文中,作者有六个段落的第一句都是"花儿为什么这样红?"。然后每一句之后都给出一个原因，比如："首先有它的物质基础""还需要用物理学原理来解释""还有它生理上的需要"，等等。当大家表达一种见解、刻画某种植物时，人们有一种习惯：先总述，即概括性的叙述，然后再说更具体的意见和过程中的点点滴滴。比如你喜欢读书，认为开卷有益，所以提出一个观点：读书令人拥有深邃的心灵。这是一个总的观点或者作为文中一个分论点，接下去你要表述的就应该是：何以如此？读书是怎样令一个人的心灵变得丰富而深邃的？

当然，并非你在写作时必须打造中心句！真的未必！在很多以记叙为主的文章中，作者的行文是沿着特定的思路向前走的，未必非要提出一个中心句。比如，文章有内在的情感线索，作者不过是以自己情感的变化来叙事而已；又或者是以时间的发展把故事讲完而已。老舍在《骆驼祥子》的开篇便体现出这样的意思，他说："我们所要介绍的是祥子，不是骆驼，因为'骆驼'只是个外号。那么，我们就先说祥子，随手儿把骆驼和祥子的那点关系说过去，也就算了。"

第六，复杂段落的内部构成。对一个复杂的段落而言，其内在的构成和全文的构成有一个共通的要求，这就是层次清晰。对全文而言，每一个段落间的衔接很重要，要体现出作者全文思路的内在逻辑，越清晰越能令读者明白；反映到一个段落之内，也是一样的，尤其是在复杂段落里，无

第8课 从写好一个段落开始

论是叙述还是议论,都应有清晰的层次感。

就我在批改过程中观察到的现象而言,现在小学生写作当中存在一个普遍的问题,那就是呆板的段落构成——全文只分三个段落,首尾是相对简单、简短的段落,而中间的段落则集中在一起,臃肿不堪——这样的文章给人的感觉往往不妙。按说,段落层次是一个很自然的现象。当一个话题、一个小的主题、一段相对完整的叙述结束时,就可以进入新的自然段落。段落层次可以避免过度集中的文字给读者带来视觉压抑感。我们在分段时重点要处理臃肿的中间部分,把它们自然地分开,而不要让它们"拥抱"在一起。所以这里我们以"段落层次"为核心,用日常少用的"放大镜思维"来对整个段落做一番探究。

最后再次强调一句:一个段落最好只说一件事,或者一件事的一部分。一段内容是一个相对独立的文字单元,所以其承载的东西应该是有限的,不适合承载多重意义的、多个故事情节的东西。段落是文章的一种"缩小",也是了解文章内在构成的一种方法。所以,我把段落独立出来,专门探究一番,我想:对学写作的青少年而言,了解了段落的一些特质,对全文的认识很有好处。

第9课
对情节进行打磨

我相信,青少年对"情节"这个字眼是不陌生的。当我们被某部精彩的电影所吸引,在谈论它时我们会赞叹其故事情节是何等的绝妙。尤其是在看一些推理、侦探故事的时候,更是由衷赞叹。相反,一部情节差劲的电影带给人的失望也是一样的,我们会对这样的电影撇撇嘴,懒得跟人说。

我把"情节"单拿出来放在这里讨论,是因为我相信,青少年在日常写作中,很少独立探究情节的设计。在青少年写作当中,"情节"时常被故事、事件尤其是素材掩盖。我们在找寻自己的写作素材时,思索的幅面相对比较大,时常是结合主题想到一件事(记事作文)、一个人的一件事或几件事(记人作文),想到整个故事的情况(完整情节的故事),而不习惯从情节入手去思考,找寻写作素材。

其实,很多时候我们的思考点是在某个情节,甚至某个时间点上得以停留,从而快速拓展相关的内容,得到"素

第9课 对情节进行打磨

材"。比如，《记一件童年往事》这样的作文题，当我们面对作文题的时候，我们思考的注意力便开始逆着走过的道路寻找，或者从三四岁的时候向前发掘。忽然，我们的意识被某一时刻的某个情节所吸引，也许是孩子的微笑，也许是童年的某个玩具，也许是小河边的一次散步，当这样的情节进入我们的头脑时，我们便不肯放过。以此延展出整个故事、事件。可见，某个情节、某个情节的片段，对我们找寻素材具有很现实的意义。但是我必须强调一点：和小说家创造情节有点不同的是，青少年写作常常以写实为主（记叙文、散文等而非虚构的小说），所以其情节的来源是从实际生活中来的，而这种来源的一个关键点是人物——人物创造了情节。当我们想到一个人时，他的言行举止就是在创造情节，他的有趣的话语、有意义的举止、有意味的笑容都是在创造情节，所以当我们在苦苦找寻情节的时候，不妨从人物入手，去找寻情节的来源。而在小说家的虚构作品当中，一方面他可以如上所述，在主人公的性格特点中创造出有关情节，也可以为故事的需要创造新的次要人物，进而由次要的人物承担、消化部分情节。

然后便是对情节的打磨过程，这是关键。在《音乐巨人贝多芬》一文当中，作者开篇只有一句话："客人敲开了贝多芬的家门。"这样的一句话便把读者带入情节中来，可以想见，对一个长年饱受耳聋之苦的以音乐创作为生的人来说，当有客人造访的时候，主人和客人间的沟通和交流便存在困难：一来，贝多芬忍受耳聋的痛苦，与人沟通会有障碍；二来，长年处在这种痛苦中的一个人，他的心情能好吗？三来，一个沉浸在创作当中的人，几乎没有喜欢被打搅的。那么，面对这样的情况，贝多芬会怎样处理呢？我们能见到怎样的结果呢？如果你是这次造访的客人中的一个，你的心情是否会在敲门的瞬间生出一丝忐忑？总之，一句话便把读者带入情节中，给人这样的感受，读者的期待可想而知。就探究情节的设计来说，为什么作者选择这个情节？要知道在伟大音乐家贝多芬的一生当中，可供写作的东西非常之多，而这篇文章独独选择这个情节来展示贝多芬的形象。

我们对都德的《最后一课》印象是深刻的。作者选择的情节也值得我们探究。作者在结束前对自己的老师韩麦尔

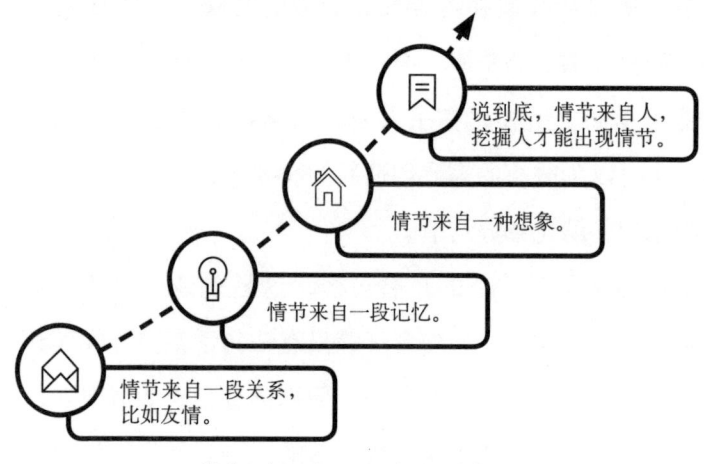

- 说到底，情节来自人，挖掘人才能出现情节。
- 情节来自一种想象。
- 情节来自一段记忆。
- 情节来自一段关系，比如友情。

情节从何而来？说到底还是来自人

第9课 对情节进行打磨

先生有一个精彩的情节刻画,这就是他听到敲钟的时候,"他转身朝着黑板,拿起一支粉笔,使出浑身的力量,写出几个大字:法兰西万岁!"然后"他呆在那,头靠着墙壁,话也不说,只向我们做了一个手势:放学了——你们走吧"。想一想,为什么作者以这样的情节结尾?在结尾时作者并没有发表宏论或者肆意抒情,何也?因为作者全部的思想感情都包含在这个情节中了,不必再画蛇添足一般地去抒情和议论,这个镜头感十足的情节,已经道尽了作者的思想感情。

鲁迅在《藤野先生》一文当中,有一个给人印象深刻的情节,就是当时的日本学生通过邮差给他的一封信,开头便是:你改悔吧!其实,这样一个情节对衬托藤野先生对他的照顾大有妙处,以致引起日本学生的某些质疑;同时也反映出作为一个弱国的留学生,在这所学校所遭遇的一种蔑视,有了这种环境的存在,更能衬托出藤野先生的无私和伟大。

在许多记叙文当中,作者的思想感情是因情节的变化而发生巨变的,情节的起伏带来思想上的、心灵上的变化,从而会将文章的内容引向抒情、议论等点睛之笔。青少年写作时经常触及日常生活中的小起伏——诸如和家人的小矛盾、小冲突,以及同学间的小烦恼、小不快,而在写摆脱这些矛盾冲突、烦恼不快的时候,需要某些特殊情节的引入,以促使自己的思想发生转变，有时甚至是180°的巨变——从而给读者营造一种从沮丧不快到大彻大悟的感觉。

什么样情节的引入能造成这种变化，从而也感染读者呢？

（1）自然环境中出现的某种情节，触动了作者的心灵。比如当你走出家门，去公园中散心、散步的时刻，自然环境的美好，或公园中的某个场景，如鸟儿在枝头歌唱、儿童在母亲怀中露出烂漫的微笑、某个在树荫下认真阅读的美好身影等，都可能去除你心头的不快，从而令自己从狭隘的情绪中走出来，精神为之一振。

（2）读书（小说或散文）中的某个情节、某段故事、某种思想，甚至某个作家的一句格言，令你顿感振奋，从而令你在自我的小小格局当中觉醒，猛然觉得我该像他们一样，去创造、去奋斗、去感受生命中的美好。比如，你想起史铁生在地坛某个角落中冥思的场景，想到他虽然双肢残疾却投入生命去写作，便涌起一股力量；你想到居里夫人为了提炼一克镭而和丈夫从奥地利控制下的工厂，费力地运回那些蕴含着镭的工业废料的情景；或者你想到《鲁滨孙漂流记》当中的克罗索一个人在孤岛生活28年之久时，便涌起了一股豪情，觉得自己也可以战胜自我，于是你的思想得以转变。

（3）深深的自我反思，不借助外部环境和阅读经验，

第9课 对情节进行打磨

而只是自我的深沉思索。善于思索的人最有力量，一个人可能因一时情绪而暴躁不堪，说一些愤激的话，甚至话语会伤害自己的亲人、友人，然而当你沉静下来，当理性回到心中时，深远的思考可以让人陷入自我反思中，从而意识到自己错了，于是思想的转变自然就来了。

以上三种比较典型，不能囊括所有造成一个人思想情感发生逆转的全部情节，然而探究这些共性的情节，对促使我们在文章当中"制造"起伏，实现思想的转变，形成全文的转折，实现故事的张力等，都很有好处。

第 10 课

让情节有节奏地递进

递进是一种容易理解的修辞手法，我们有时也说层层递进。就像剥洋葱一样，你需要一层层地剥开，直到露出洋葱的最核心。叙述一件事，沿着时间的发展，把故事的进展呈现给读者；沿着因果的变化呈现出来；沿着条件或程度发展而写出来的文章，都是一种递进关系的呈现。这是一种常见的叙事结构的手法。青少年在记叙文当中，最常使用的就是沿着时间的线索，把发生在时间这条线上的各种情节，逐一地写出其中的要点（有详有略），把没有必要交代的保留起来，不必事无巨细。

递进是一个理解起来简单，但在实际写作过程中却存在诸多技巧的东西。一味地递进容易给人留下平铺直叙、写流水账的印象，所以在递进的过程中，我们需要制造一点起伏才好。起伏就是要让情节不是笔直发展的，不是像一条笔直的直线，而是像起伏不断的曲线。人们常说的那句话——文

第10课 让情节有节奏地递进

似看山不喜平,其道理亘古不变。

你想,一个喜欢青山、喜欢登山的人,当你放眼眼前的群山时,那种连绵不绝的起起伏伏,一定会在你的心中留下某种深刻的印象。这种印象甚至对你读懂人生也有益处,因为它们可以象征人一生中的起起伏伏。想一想,如果面前的山的高度是整齐划一的,那给人的滋味将是何等乏味。所以袁枚说的"文似看山不喜平"非常贴切,这个出自《随园诗话》中的句子,也许正是袁枚在登山过程中偶得的。

如果问一个故事是如何完成的,一篇游记是如何出炉的,这些以叙述为主要手段的行文,其内在的要求便是递进。否则你无法完成对整件事发展过程的讲述。

当然,递进不是走直线。在几何学当中,我们知道一个定理:两点之间线段最短。然而这条定理对写作来说是一种障碍。在叙述的起点和终点之间,如果一个作者走直线的

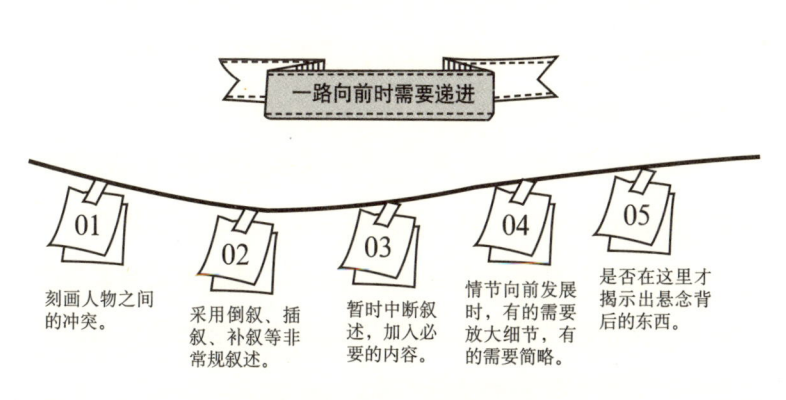

一路向前时需要递进

01 刻画人物之间的冲突。

02 采用倒叙、插叙、补叙等非常规叙述。

03 暂时中断叙述,加入必要的内容。

04 情节向前发展时,有的需要放大细节,有的需要简略。

05 是否在这里才揭示出悬念背后的东西。

情节性强的文章一定会用到递进

话，将给读者留下呆板的印象。所以，为了避免一路向前叙述时的呆板，而增加起伏的效果，我们可以穿插一点倒叙、插叙和补叙的技巧，同时有意制造一些冲突，从而令文章更有吸引力，让读者如同见到了"群山连绵"的风景，从中获得强烈的满足感。

一、刻画冲突，让人际冲突成为全文的一大看点

对青少年写作而言，记叙文中有冲突的存在，可以保证文章具有很强的看点。当然，这种冲突往往不能和经典小说的冲突相比。对你而言，能把家庭、学校中那些和父母、老师、同学之间的小冲突、小抱怨、小烦恼流畅地写出来，对一次写作训练而言往往就够了。

你和朋友一向和睦相处，享受学习的愉快，然而某一天，他和你因某事而心生不快，让你们持续很久的友谊面临一场危机。挽回友谊还是让冲突恶化？对重视友谊的人来说，总是以化解冲突为上策。所以，我们经常看到一段濒临破灭的友谊，因一方或双方的挽救而重归于好；因彼此的一段言语或双方的默契、暗示而重归于好。这就是记叙文当中的情节，冲突的内容是制造起伏的关键，化解它让你们的生活再次回到既往的和谐道路上来。

再比如，在家庭当中，你对父母百般的呵护有点腻了，他们的言谈举止在你的心中甚至让你难以忍受——这自然是身在福中不知福。某一天，你心情不爽，父母的呵护反而如火上浇油一般，让你的心燃起熊熊大火，你甚至因一时的冲动摔门而去。——这就是一段故事情节，并且是一种常见的结构叙事方式，其具体的内容因人而异，但内在的思路却如出一辙。当你从温暖的家中走出，耳根是清静了，但另一种烦恼也随之而来。这就是一个人思想发生转折的关键，你的反思令你想到日常生活中的种种幸福，父母百般呵护你的景象就像电影一样在脑海中闪过。反思或者某种触动令你回心转意，你的愤怒消失了，惭愧涌上了心头。最终，你选择了回家，此时的你恨不能扑到母亲的怀抱当中大哭一场。

故事在起落中体现出人的成长，一篇文章就是通过这样的起落来升华文章主旨的。

二、倒叙、插叙和补叙的手法

所有的故事都是在一个时间起点上开始的，经过一段时间的发展变化而进入尾声，走到故事的终点。所以，记叙文、故事、小说等，都是时间变化的艺术。一个作家在构思时，不能摆脱时间而说事。一般来说，故事情节的整体走向是直叙的，只是为了叙述的巧妙、生动甚至离奇，倒叙、插叙和补叙才有了闪亮登场的必要。

　　一个事件有起因、经过和结果这样的变化过程，但叙述者未必按照这样的变化去叙述。有时我们的叙述是从结果开始的，这就是倒叙。当然，从中间的某个部分、某个重要的环节开始，然后步入直叙的轨道上来也是可以的。在《羚羊木雕》一文当中，作者开篇就是："那只羚羊哪儿去啦？"母亲突然问我。这样的一问令情境中的作者惊愕，也令读者猝不及防——我们的心底会自然生出一种疑问：发生了什么事儿？

　　然后在第二段作者立刻交代：妈妈说的羚羊是一件用黑色硬木雕成的工艺品，那是爸爸从非洲给我带回来的……作者这样写便是采用了插叙的手法，令读者意识到这个物件价值不菲，并有很强的纪念意义，还是父亲送给他的专属礼物。就写作的顺序而言，如果按照故事的时间发展来写而不倒叙的话，则应该是母亲首先发现那只珍贵的羚羊木雕不见了，她会满房间查找，直到找不到才问自己的孩子：那只羚羊哪儿去啦？作者以这一句话开篇，令读者意识到事件的严重性，而作者自己当然也知道这句问话的严重性，故而将它从时间发展的线条上提出来，放在文章的最前面，以引起读者的高度注意——也许这样的口吻还能博得读者的一丝同情。至少我读了，顿感一个孩子被母亲质问时内心的惶恐，

第 10 课　让情节有节奏地递进

进而生出一丝同情来。

　　此外，当父母的逼问令事件"水落石出"时，他们知道"我"把宝贵的羚羊木雕送给了最好的朋友，这时作者插叙了一段两人的友谊，这是需要给读者交代的。作者说："上幼儿园的时候我们就在一起。她学习很好，人一点儿也不自私。我们俩形影不离，语文老师管我们俩叫'合二而一'。"可见，这份友谊在作者的心中是何等的持久而宝贵，面对这样热烈而持久的友谊，讨回羚羊木雕自然是一种巨大的障碍。从而为后文的故事做了极好的铺垫，而读者的兴趣也会被作者所调动：最终的结局如何？一段那么宝贵的友谊，正在面临最危险的局面啊！

　　而在魏巍《我的老师》一文的倒数第二自然段中，作者说："一个孩子的纯真的心，就是那些在热恋中的人们也难比啊！什么时候，我能再见一见我的蔡老师呢？"按说这样就可以结束全文了。从全文的叙述看，所有的情节都已经完成，作者的抒情也很精彩，如上面的一句所示。但这不是结尾，结尾是："可惜我没上完初小，就转到县立五小上学去了，从此，我就和蔡老师分别了。"这样的结尾段落属于典型的补叙，补充说明后续的情节、故事等，从而令读者内心可能出现"作者后来见过他的蔡老师没有哇？"的疑惑得到一次性的解答。完整的文章结构让读者的疑惑得到了解答，让读者的心思得到满足。故而，补叙常常是一种补充交代，其用意在于交代清楚后续内容，以免令读者陷入难以入眠的没有意义的遐思当中——这和"言有尽而意无穷"并不矛盾，是两码事儿。

　　有青少年问我记叙文要如何开头的时候，一方面我给予一点具体的建议，还会告诉他：从哪里写起都是可以的。我想，对一个有心的学习者而言，他是可以从我的这个建议中悟出写作的真谛的。作者就像"上帝"一样，决定着文章怎么写，而不是被文章所决定。一个好的故事，一个值得记叙的事件，诉诸你的笔端时，你要有一颗"上帝"的心，因为你在创造一篇有意义的文章。所以，采用何种叙述的方式，由你自己说了算。当然，你要想做一个更聪明的"上帝"，让你的文章更吸引读者，那么就要综合考虑一番，看一看从哪里写起，设计一种怎样的叙述过程会更精彩。

三、暂时中断叙事，插入必要的内容，令文章更深刻、更精彩

　　在递进叙述的过程中，除了纯叙事、向读者交代事件发展的过程之外，我们在叙述过程中时常可以夹带"私货"——你的情感、你的意见、你的心理、周围环境等，都可以适时出现在整个过程当中。这样一来，文章便复杂而生

第10课 让情节有节奏地递进

动起来。先举一个例子：

初一语文选入了海伦·凯勒的文章《再塑生命的人》，写的是她终生的辅导老师莎莉文第一次登门的事件。作者在第二段结束时说道："我安静地走到门口，站在台阶上等待着。"如果按照直叙的手法，下面的段落就该是越过两段后的文字："我觉得有脚步向我走来，我以为是我的母亲，立刻伸出双手。"当然为了衔接得更好，可在两段中间加入一句话，如"我等了十分钟的样子"之类的文字。但海伦·凯勒在两者之间插入了两大段的文字，从下午的阳光开始写起，她作为一名盲聋儿童，是可以感知到阳光的抚慰的，这是她对当时环境的一种刻画。当然更多的、更深入的是刻画她的内心世界，此前的生活中，她一度陷入愤怒、苦恼和疲惫不堪当中，已经接近忍受的极限。作者还用一整段进行了情感的抒发，来表达一个人——一个如她一样的盲聋儿童在单调而孤寂的生活中的烦闷，尤其渴望的是光明。

你看，在海伦这篇文章当中，她暂时中断叙述，而加入了环境描写、心理描写和大量的抒情，如果我们有权力删除这两段文字，对整个事件是没有丝毫影响的。但是，这种删除对全文而言绝不是没有影响的。暂时中断叙述事件，中间穿插对内心世界、对心灵苦闷的刻画等，揭示了随着莎莉文老师的到来，她的生命无疑是迎来了她所渴盼的光明一样。这样的段落绝非闲笔，而是作者精心的设计。

从结构的角度来看，这也是我一贯强调的一点：我们要学会拆解全文，从而培养自己阅读文章、写作时拥有一种拆卸思维，进而有能力在"组装"的思路当中去写作，而不至于让自己无话可说。这样做，也能对全文的结构有更清晰的认识。

四、何时中断叙述，插入抒情、议论、心理、环境等最好

这是一个有趣的问题，但是难有标准答案。这个问题的有趣在于它的价值，如果我们领会了在何时中断叙事而插入抒情、议论、心理和环境，那么我们的写作势必提高得更快。从道理上说，除了首尾之外，任何时候中断叙事而夹带"私货"都是可以的，这不是你的写作权力问题，而是文无定法的灵活运用。不过归纳看来，以下几种情况暂时中断叙事是值得的。

（1）在揭示谜底之前。写作是给读者看的，排斥读者的作家是罕见的。在写作的过程中，作者会考虑读者的阅读感受，这也不是迎合，而是为把文章写得精彩。所以当你在揭示谜底之前，尤其是在铺垫过后，是可以加入抒情和议论的。我国历史学家翦伯赞有一篇长文《内蒙访古》，其中有

第10课 让情节有节奏地递进

一个部分叫作"揭穿了一个历史的秘密",读了这个标题,读者很想知道这个秘密是什么,然而作者在给出这个秘密之前,先写了一小段议论,他说:"这次访问对于我来说,是上了一课很好的蒙古史,也可以说揭穿了一个历史的秘密,即为什么大多数的游牧民族都是由东而西走上历史舞台。现在问题很明白了,那就是因为内蒙东部有一个呼伦贝尔大草原。"这段议论可以极好地调动读者的情绪。作者在后文自然会很详细地揭示这个历史的奥秘——并拿出十分充足的证据。

(2)在叙述较长而一时间陷入了平淡的时候,需要制造一点起伏。当故事沿着一条直线发展的时候,会显得十分呆板,尤其是叙述性的语言过于集中时,这时如果能适当地插入一点作者的感受、个人看法等,用一种补充性的介绍、外围的文字说明,就可以令文章不那么干枯,而显出更为丰富的层次来,也便于读者在作者的"指导"下理解全文。比如,聂华苓在《亲爱的爸爸妈妈》一文中,作者和南斯拉夫小说家在狭窄的山路上边走边谈,两人的对话很集中地呈现在读者眼前,作者和作家两人就纳粹的残忍在对话,达七个段落,情节在延续,在向前发展,然而一味对话的结果势必给人以呆板的印象,所以在七段对话后,作者及时地插入了一段文字,写的是他们所走山路周围的人和环境。作者说:"雨哗哗地下。山路上的人,在伞下低着头,朝圣一般向山上走。走不完的人。望不断的路。"作者及时补充的描写，不仅打破了两人相对冗长对话可能带来的烦闷，还通过上述刻画突出了此时的人们似乎有着一样的沉重心情，这对全文的中心而言自然也是一种突出。

（3）行文中的时间发生明显的变化时，需要做点外围的交代，以便令读者对局部的文字单元有清晰的认识。比如鲁迅先生在《孔乙己》一文当中，孔乙己的故事发生在不同的时间。"有一天，大约是中秋前的两三天，掌柜正在慢慢的结账，取下粉板，忽然说，孔乙己长久没有来了。"这引起了在场的人们对孔乙己的议论。"中秋过后，秋风是一天凉比一天，看看将近初冬。我整天的靠着火，也须穿上棉袄了。"从而引出孔乙己"温一碗酒"的一段故事。想想看，随着时间的变化，从中秋前的两三天、将近初冬的时间变化，任何人写文章都不便直接切入孔乙己的故事中来，此时正是交代外围背景、环境的好时候。孔乙己的故事发生在咸亨酒店，地点没有变化，然而时间在变化。

（4）在故事的地点发生转换时，需要交代事件发生的背景。我们时常见到一名学生记录自己某次迟到的情景：他在家中耽误了时间，在路上匆匆忙忙地赶路。当地点转到学校的时候，常常需要对学校的环境说两句，虽然此时的学校和日常没有什么两样，但因人的心情不同——带着一种不如平日从容的心情走入校园，学校的风景在他的眼中和日常便

第 10 课 让情节有节奏地递进

是两样。而在游记当中更是如此,你到了一个全新的地方,新的环境势必是我们需要留意的,需要着力刻画一番的,然后再对所"游"之处发生的事件进行交代。

(5) 在文章的节奏有点快的时候,需要令读者喘口气,舒缓一下。我们应该知道,就写作和阅读的速度看,当文字内容是关于情节叙事时,其节奏往往较快;而当文字内容是对环境的刻画、对作者内心情感的抒发之际,其节奏往往会慢下来。

如果你在长途火车尤其是高铁上,以高速向前行驶着,速度始终保持不变的话,你在凝望窗外的风景时,很容易陷入恍惚、发呆的状态,会感觉枯燥乏味。因为没有节奏变化,总是给人一种平淡的滋味。只有当列车有缓缓地驶入、有猛然地加速、有快有慢地行驶在原野上时,你才能感受到一种富有节奏的动感。

唱歌也是如此,文章和音乐一样,必须有起伏不定的节奏感。如果一首歌从头到尾保持一个始终不变的节奏,给人的感觉一定是糟糕的。好的音乐,比如伟大的音乐家贝多芬的演奏,常常是千变万化,"游走"在不同的节奏上。正是各种各样不断的起伏,才能对神经反复刺激,给人一种强烈的冲击感,否则音乐便如一潭死水。

(6) 在需要补充交代的时候,或插叙,或插入作者的情感表达、意见看法、环境刻画等内容,从而令读者有一个完整的认识，不至于陷入一头雾水当中。这些文字内容常常带有补叙的意味，比如："我之所以这样做……；当时我没有别的办法……""对小A来说，这样的选择是一种不得已，就他贫苦的家庭生活而言，金钱对他意味着什么？这是不必细说的。"诸如此类的解释性质的话语，可以让读者看得清晰、读得明白。之所以存在补充叙述的情况，是因为不宜打断前文的流畅叙述。

（7）在故事情节不足，或者叙述不很充分的时候，可以用环境、心理等外围的手法来弥补这种不足。当然，情节的不足有两种情况：一种是因自己的素材不充分造成的；一种是需要将某个具体的情节充分放大，从而突出它在全文当中的地位。后者如路遥在《人生》的第一章当中，作者所介绍的情节很简单，就是高加林民办教师的地位保不住了，公社开会令他下课，他心情异常苦闷。回到家之后，在父母的百般询问中才道出原委。所以路遥灵活地运用对环境的刻画，把一场将至的大暴雨反复穿插在这段情节当中，借以烘托出这个糟糕的消息对整个高家人精神上的打击。作者当然不是为了展示自己善于刻画暴雨，而是要衬托人物的心理，同时也体现出这个小小的情节对全书后续内容而言极为关键。如果没有这个情节，高加林便不会陷入精神的苦闷，他后来的各种人生事件也不会发生了。

青少年在写记叙文时常感觉内容干瘪，觉得没有多少

第10课 让情节有节奏地递进

东西,其实这是因为素材匮乏和对素材的挖掘不深造成的。面对这种情况,除了深入搜集和挖掘素材之外,还可以运用抒情、议论和环境、心理等手法来弥补情节上的不足。

递进是记叙文、小说等主流文体最重要的叙事手段。在递进的过程中,一方面我们叙述,一方面我们概括,一方面我们刻画,同时会插入一定的抒情、议论、环境和心理等内容,在这种种交叉运用的过程中,文章中的故事呈现给读者的将是一种立体的、生动的、动态的过程,就像一部"文字电影"一样。

第 11 课
暗示不能明说的情节

　　青少年在训练写考场作文时，语文老师常常提出这样的要求：处处都要点题才好，尤其是文章的首尾部分，一定要点题才行。在当今的考场作文中，因为考试作文的特殊性，这个要求不算过分。因为阅读老师的时间很有限，中考和高考这样大型的考试阅卷的工作量很大，老师们都是流水线似的批改。加上阅卷工作在一年当中最炎热的季节，人也容易烦躁。所以老师给到每个学生的评分时间极其短暂，据说只有几十秒！

　　几十秒只是几眼扫过而已，老师就要给出一个公平、合理的分数，这也实在是难为阅卷的老师们！所以语文老师在大型考试前，会对自己的学生有上述要求。这种迎合阅卷老师的做法，其合理性在于更好地配合老师的阅卷工作。如何让阅卷老师在短短时间里判断出你的文章是否符合题意？最好的办法就是让文章和首尾扣题，甚至处处扣题，这样老

第11课 暗示不能明说的情节

师便能快速地给出一个分数。如果他看了半天,看不出你的文章是否紧扣了题目的要求,势必延长他阅卷的时间,造成给分的障碍。

点题这种要求有其合理性的一面,也有不合理的一面,因为这种要求是和写作本身有所背离的。这是令学生一刀斩断"含蓄之美"的粗暴,是一种不可取的做法。

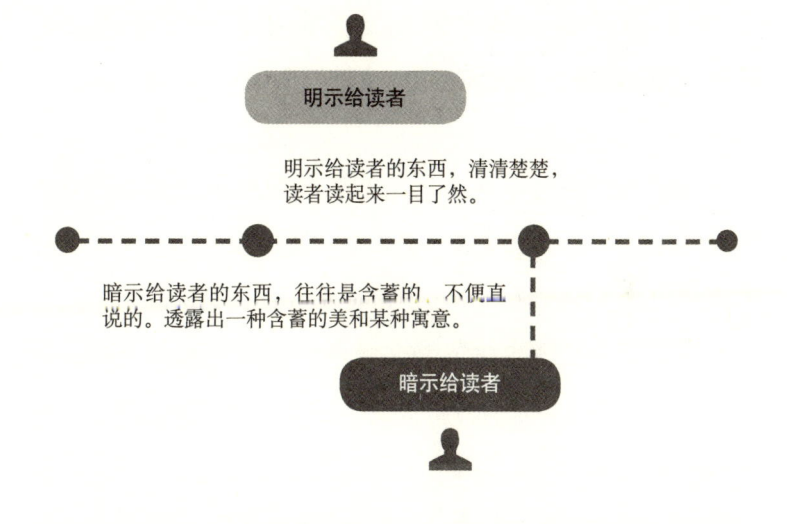

明示给读者

明示给读者的东西,清清楚楚,读者读起来一目了然。

暗示给读者的东西,往往是含蓄的、不便直说的。透露出一种含蓄的美和某种寓意。

暗示给读者

暗示的一大功能便是体现文章的含蓄之美。过分直白的表达,固然可以令读者不费力地明白作者的意图,但如果以损失含蓄之美为代价而过于直白也是不好的。其实我想告诉青少年们:阅卷的老师们虽然给分的时间很短暂,但他们基本可以做到公平、公正。一方面在阅卷前,阅卷者须接受一番深入的培训,以便更好地应对批改工作;另一方面,大部分语文老师对作文的判断早已形成一种潜意识，不夸张地说，一个有经验的语文老师对一篇作文的判断，扫上几眼便已心中有数，根本无须耗费半晌光阴！

所以，如果你喜欢在文章当中以暗示的方式，表达你的含蓄，体现你的审美，即使在大型考试当中也是没有问题的。

一、暗示是一种十分宽泛的提法，一切不肯、不能明说的隐晦，曲折的表达都是暗示

当然我们也可以说，凡是能造成某种不明确表达效果的方式都属于暗示，就像一个人面对另一个人给出的富有意味的眼神，他没说话，然而用眼神来传递自己的想法。

在李森祥的《台阶》一文当中，作者开头就一句话："父亲总觉得我们家的台阶低。"这样的一句独立成段，有暗示的成分吗？自然是有的。台阶低意味着地位不高，这在民间是一种十分常见的现象。所谓高门大户，往往是台阶很高的，体现出高人一等的地位。而作者在这里的用意是清晰的，在父亲的心目当中，自家因贫困而导致的不仅是台阶低，还有地位低的问题。而在史铁生的《秋天的怀念》一文当中，作者说："她（指母亲，本书作者注）又悄悄地出去了。她出去了，就再也没回来。"这样的句子便是暗示，是

作者史铁生对母亲去世的委婉说法。

暗示有时像一把无声的木剑一样，从空中斜劈过来，虽然没有真正的刀剑所具有的锋利，并不令人畏惧，但给读者传递出一种很有意味的东西，令人深思。

二、有的环境描写完全是暗示读者

比如你不明说自己的心情很差，却说周围的景致黯淡无光，周围的空气令人沉闷，这就是在暗示读者：你的心情不爽、不晴朗。反之，如果在你的眼中，天空是湛蓝的、空气是清新的，乃至周围的一切都是欢快的，其实你想说自己的心情是愉快的。这种不明说，而以"暗示"来对抗直白的做法，会给文章造成一种含蓄的语言效果。

三、许多具体的手法中都包含着暗示的成分

除了上面的衬托中存在暗示，在象征等手法中也存在暗示成分。象征是以物表意的手法，作者不明说某种精神、某种品格，而找到一种替代物，来实现一种含蓄的表达。于谦在《石灰吟》中说："粉身碎骨浑不怕，要留清白在人

间。"说的是生石灰到熟石灰的化学变化吗？其实他暗示的是自己清高的、愿为国捐躯的伟大精神。当然，在许多借物抒情、寓情于景的手法中，其实所隐藏的也是暗示的手段。

　　暗示是写作过程中不自觉就会运用的一种常见手段，在人的智力层面，通过暗示而得来、表达出的东西往往更多，给人以无限的意蕴之感，是明示、铺排等难以企及的。

第12课
找到内在含义的象征物

对一个成熟的读者而言,最有趣而又颇具烦恼的一件事是:是不是眼前的文章都有点象征的意味?是啊,似乎所有的文章都有"言有尽而意无穷"的东西在。而凝结在其中的、最值得我们怀疑的便是作者使用了象征的手法。所以,作为一个成年读者,我们时常涌起"这是象征、疑似象征"的感觉。

象征是以物示意。就是以某种具体的事物来体现某种精神意象。所以,象征的特质是以形象代抽象,以形象的具体的事物来表现抽象的某种精神、品质、思想或者性格等。这样一来,象征有本体,也有征体,两者的共存造成了一番新的意蕴出来。

印象最深刻的象征有两个:一是几篇名家的文章,茅盾的《白杨礼赞》和高尔基的《海燕》,以及鲁迅先生的《秋夜》。这些文章因入选课文,而给人留下深刻的印象。

青山象征着一种永恒的存在，一种任由世间纷纷扰扰，却依然不改变的生命姿态。夕阳则是变化着的，象征着始终在变、永远向前的流逝的时间。

滚滚长江东逝水，浪花淘尽英雄，是非成败转头空，青山依旧在，几度夕阳红。

以物示意是象征得以存在的本质

二是《三国演义》开篇前的那段有名的词，《临江仙·滚滚长江东逝水》当中的句子："滚滚长江东逝水，浪花淘尽英雄，是非成败转头空，青山依旧在，几度夕阳红。"这个句子给人的印象实在深刻，作者眼中的青山象征着一种永恒的存在，一种任由世间纷纷扰扰、却依然不改变的生命姿态。夕阳则是变化着的，象征着始终在变、永远向前的流逝的时间。这样的画面给人以一种神奇的沧桑之感，令人喟然人生易老的辛酸滋味。

再说上面几篇课文当中的象征。这是青少年相对熟悉的。在茅盾笔下，笔直的白杨树象征着北方农民挺拔的精

第12课 找到内在含义的象征物

神;而高尔基的海燕则因其怒动甚至求战的姿态,象征着伟大的革命战士,不甘屈服的革命精神——在这里不仅写出了革命者的性格,也写出了他们内在的精神,充分证明了象征这个手法是以具体代抽象的特质。而在鲁迅先生的《秋夜》当中,作者的象征意识是明确的,但象征所指的内容却难以说得一清二楚。我们看到了落尽了叶子的枣树干直刺着天空的模样,听到了"夜游的恶鸟的飞过",并对从窗纸进来的几只小飞虫的勇敢感到一种敬佩,它们也被鲁迅先生视为苍翠、精致的英雄。但鲁迅先生的真实含义到底是什么?所言的是革命者对恶势力的反抗?还是先生自己的某种意识?这是难以说清的。但毫无疑问的一点是,作者使用了象征的手法。

鲁迅先生善于运用象征手法,比如在他的《野草》的题词当中,作者对野草这个意象的塑造,其实也蕴含着象征的手法。他说:"野草,根本不深,花本不美,然而吸取露,吸取水,吸取陈死人的血和肉,各个夺取它的生存。"这里的象征相对是明显的,自然是反对封建社会的旧思想、旧道德和旧的文化制度,等等。

同样,著名作家夏衍也有一篇短文叫作《野草》,也是以象征的手法来写的。他在文章中说:"没有一个人将小草比作大力士,但是它的力量之大,的确是世界无比。……种子不落在肥土而落在瓦砾中,有生命力的种子绝不会悲观失望和叹气，因为有了阻力才有磨练。"这样的句子带有很强的象征特色，而种子富有生命力，它不甘屈服的精神，其本身就是一种了不起的战斗精神，宁死不屈的精神。这和作者的文章，写于20世纪40年代抗战的背景下，自然是息息相关的。

2017年的上海市中考作文题目是《就这样，埋下一颗种子》。对一个聪敏而有阅读经验的学生而言，面对题目中的关键词"种子"，是不会把思想停留在其字面意义的。"种子"的字面意义当然是生物学、植物学层面的。但敏感的你会立刻意识到，这个词语带有很强的比喻义、引申义和象征意义，并且是一种容易转化的概念：思想是种子，理想、信念、决心都可以是种子啊！科学的种子、文学的种子、艺术的种子，何其多也！"就这样"，这三个字意味着须把"埋下这颗种子"的前因写清楚、交代完整，内含着一种因果关系。当然，文章写得深刻、精彩的关键在于，体会到"种子"的象征含义、比喻或引申的含义等。

象征的手法令你的文章含蓄而深刻，令人在某些普通的事物中见到丰富的、被作者延展出来的意味、意蕴。这当然是写作中的一种创造，令某种事物不再是它本身，而成了具有特定精神、丰富内涵的超越自己的东西。凡是读过《白杨礼赞》的人，在见到白杨树的时候，心中涌起的往往不再是一棵棵平凡的树木，而是凝结着人的坚强不屈、挺拔向上

第12课　找到内在含义的象征物

的精神特征的白杨树；今天的人们见到天空中的飞鸟，目光被它飞翔的姿态所吸引，心中却生出一种渴望来——渴望像它一样有一种不受束缚、不受羁绊的自由。所以，世上种种不再是它本身，而常常被人的思想赋予一种"内在的含义"，这就是象征带给人们的更丰富的认识世界的方式。

第 13 课

人物的一言一行很关键

　　人脑是一台异常复杂的"机器",全世界有许多科学家都在研究它。然而,我们对人脑的认识还十分有限,科学家也深感人脑的复杂。反映到文学作品当中,其中的人物面对纷繁的世界和复杂的人际,他到底是怎样想的,有时是难以把握的一件事。而对文章或小说来说,再蹩脚的作家也知道通过塑造人物的言行来刻画人物的形象和内心世界。

　　没有一个出色的作家会直接告诉读者,作品中的人是怎样想的。除了极少数作为交代性的文字之外,文学作品必须以外部的刻画来反映人物的内心。《红楼梦》中的凤姐一出场,是先闻其声,后见其人的,同时作者对正在喧闹中的众人听见凤姐到来做了具体的刻画,"个个敛声屏气,恭肃严整",说明厉害角色即将登场。作者以凤姐的声音和周围人闻声而止的表现,来衬托出凤姐在这里的地位、影响和性格,所以透过人物的言行包括铺垫等手法来理解人物的性

第 13 课　人物的一言一行很关键

格,是我们在阅读过程中无法绕开的一件事,不管你喜欢与否,都要面对人物的言谈举止,进而去读懂作品的含义。

人的喜怒哀乐、悲欢离合,都会反映在他的言行当中。想一想吧,当我们被父母强行安排一件事的时候,我们心中的不情愿是怎样流露的?一脸的无奈,愤懑而痛苦的表情,还是暴跳起来反对这种安排?不管哪一种,你的行为在暴露你的内心。自然,当我们对一件事感到满意的时候,我们的脸上会露出会心的微笑。

人物在文中的表现,其实是有两个方面的:一种是显在的,比如他的相貌、他的言行举止;一种是内在的,就是人物的性格底色(心理),他存在的价值。对文学阅读而言,我们着力要抓住的其实是文中人物的表现、他的遭遇,他从一出场直到全书结束的全部言行,进而去洞悉人物的内在心理。这种由外而内的阅读,才能成就我们对文学作品的"发现之旅"。

(1)人物是怎样说的。这是文中的人物用语言表达自己的观点,彰显自己的存在。所以留意人物的言谈是必需的。在《三国演义》中,曹操和刘备煮酒论英雄时,曹操的话不少,这里面曹操的言谈是主动的,而刘备的言谈是被动的。当曹操问:"使君知龙之变化否?"刘备的回答是:"未知其详。"可见其被动,有洗耳恭听的意思。于是曹操有了一番自己的言论,如"龙能大能小,能升能隐……"这番只是铺垫，意在询问刘备："玄德历久四方，必知当世英雄，请试指言之。"刘备被动地回答："备肉眼安识英雄？"他始终不肯接过话题，而把谈论的主导权放在曹操的手中，以至于曹操说："休得过谦。"可即使如此，刘备依然心有顾忌，坚称："天下英雄，实有未知啊！"在曹操执意要他说的情况下，他才推出袁术、袁绍、刘表、孙策、刘璋、张绣、张鲁、韩遂这些人来，却都被曹操逐一否定。在这样的过程当中，我们仔细品味两者的言谈，便能知道两者此时的地位、心理活动、个人性格等差别。曹操处在强势的主动地位，为人本身也强势，而刘备寄人篱下，始终处在一种被动难耐当中，心里始终不好受，是一种备受煎熬的滋味。否则，如果换成另一种场景，刘备对天下英雄的观点便不会这样遮遮掩掩，而可能滔滔不绝地道出。

（2）人物是怎样做的。这是文中的人物以自己的行为表达自己的内心，体现自己的价值。说和做是否言行一致？在现实的道德层面自然应该如此，言行合一是一个智者、一个老实人应有的人生追求。但在文学作品当中，做出来的和说出来的则未必是高度一致的，就以上面说的曹操煮酒论英雄为例，面对曹操——否定自己提出的英雄名单，刘备内心的惶恐其实也在增加，而当曹操说出"天下英雄，唯使君与操耳"时，刘备是怎样做的？"玄德闻言，吃了一惊，手中所执匙箸，不觉落于地下。"刘备真的被曹操吓坏了吗？其

第 13 课　人物的一言一行很关键

实未必，这是演戏给曹操看以保命的，不这样做，承认了曹操说的"天下英雄，唯使君与操耳"，固然可以一时心头欢喜，然而寄人篱下的他，也许会招致新的危机。这是显而易见的。所以刘备以这样的举止来掩饰，表达出自己不配做曹操口中的英雄，这才得以掩饰过去。

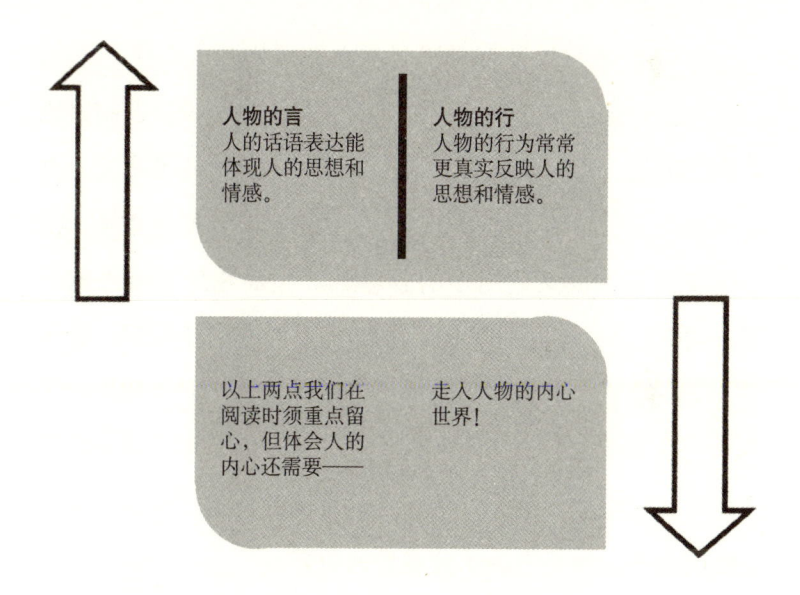

人物的言
人的话语表达能体现人的思想和情感。

人物的行
人物的行为常常更真实反映人的思想和情感。

以上两点我们在阅读时须重点留心，但体会人的内心还需要——

走入人物的内心世界！

在文学作品当中，作者着力塑造的就是人物的言谈举止，各种情节、事件都因人而起，没有人的言谈举止，哪有情节、事件的发生、激荡、冲突、融合？所以理解作品，其关键在于理解人物的言行——这里的人物在虚构作品当中自然是角色意义上的，未必是和我们一样的人，许多动物乃至创造出的形象都是如此。

对青少年写作而言，记人作文当然要着力刻画人物形象，不管是写实还是在想象作文中安排人物的言行举止，都需要我们对人物言行有细致的观察。而在阅读当中，重点关注人物的言行，尤其在大部头的作品如长篇小说、传记文学当中，人物的言行举止当牢记于心，随着时间的发展变化，对我们全面认识一个人物很有必要。

在文学史上，伟大的作家常常打磨出令人终生不忘的人物角色，比如中国四大名著中的各种人物形象，曹雪芹笔下的林黛玉、贾宝玉、薛宝钗、王熙凤，施耐庵笔下的一百单八将，吴承恩笔下的师徒四人甚至白骨精等妖魔鬼怪，更不用说《三国演义》当中的各路豪杰。而在鲁迅先生的笔下，阿Q是令人永远难忘的；萧红笔下的小团圆媳妇、有二伯、冯歪嘴子，老舍笔下的祥子，钱锺书笔下的方鸿渐、苏文纨、赵辛楣，莫泊桑笔下的羊脂球，奥斯特洛夫斯基笔下的保尔·柯察金，等等，实在是数不胜数。他们在我们的阅读经历当中，始终占据十分重要的位置。

即使是非虚构作品，许多人物形象也是令人难以忘怀的，《名人传》中的贝多芬、米开朗琪罗、托尔斯泰；《人类的群星闪耀时》中的革命导师列宁、导致拿破仑兵败滑铁卢的平庸将军格鲁希、罗马人文学者西塞罗等；再如朱自清《背影》中的父亲……这些优秀作品中的人物的言行举止给人留下难以磨灭的印象。

第 13 课　人物的一言一行很关键

　　从某种意义上说，正因为我们在阅读中接触、认识了大量的人物，我们会在自觉不自觉中受到这些人潜在的影响，我们曾陪伴他们的喜怒哀乐，他们则陪伴我们走过很久的时光，甚至会参与我们自我人格的塑造过程——我们对他们的认同和反对，会以价值判断的方式输入心中，成为我们言谈举止的内在范式。而这就是文学的伟大价值之一：塑造读者的人格。

第 14 课
有意识地表达人物心理

　　心理刻画常常是最诱人的东西。不是说人天生热衷窥探别人的心理或隐私，而是说对作者或文中人物内心世界的把握，更能激发读者的精神共鸣。要知道，读者和作者之间的交流，经过书籍这种方式，其实就是两个人内心世界的一次次碰撞，这是心灵和精神的一种必需品。

　　所以，对作者而言，在作品中刻画心理是必需的。即使是《龟兔赛跑》这样简单的寓言故事，读者也不能完全在情节当中得到满足。只有当读者深深地感受到兔子心灵深处的自负时，读者的心才会彻底放下，然后开启思考之门，生发出"我是否也有过自负的毛病、自负到底是不好的，兔子如果不自负能输掉比赛吗？"等各种心灵的感慨。读者的阅读需求是什么？除了精彩的情节，更深层次的需求则是心理上的满足——精彩的情节可以满足读者的心理期待，就像再成熟的观众也难以抵挡好莱坞大片中的精彩打斗场景，即使

第14课 有意识地表达人物心理

他们每次看完总是抱怨最近的好莱坞大片都靠高科技合成，但下一次他们还是对此充满了新的期待。

2. 自然流露
如果能在事件发生的过程中、发生后，或者在回忆前等，自然引入一段心理刻画，有助于读者进入你的内心世界。

3. 抒发意识
心理刻画的更高层次是对意识的展现。让读者进入作者的意识中来，和作者的思想同步。

心理刻画

1. 明显标志：强势写心理
比如，××在心里想：这样的事情怎么会发生在我身上呢？——有明显的形式。

从这个角度看，读者的心灵对书籍、对电影的内在需求是永恒不变的，就是在追求精神的、心理上的和思想上的满足感。所以，如果你是一个优秀的作者，你不能回避读者的这个核心的需求吧？一旦你意识到刻画心理的必要性时，应该立即提上训练的日程。

（1）有意识地表达、强调人物的心理。青少年在写记叙文时，在刻画人物的过程中，可以从最显在的心理刻画着手，突出地加以表达。这是初学写作者自我意识的一种加强，要让你的读者看到你对心理的展示、刻画，主动去对接读者的心理。尽管这样做看起来不算高明，但对青少年而言，从有意识的自我训练着手，我想是比较切实的一种方式。在我见过的作文当中,有趣的是,许多孩子的心理刻画是从抱怨开始的:抱怨天气的糟糕、抱怨公交的延误、抱怨作业的繁多、抱怨父母的唠叨、抱怨内心的委屈,等等。这些抱怨的内容,其实都是心理活动的展示,也是作者有意识地强化心理的一种写作实践。

值得注意的是,以上各种抱怨所体现出的心理,常常在文章结束前得到化解,这样在结构上看是完整的。从故事上看,作者的心理问题也得到了很好的解决,文章则给人以圆满的感觉。如果你在考场作文中一味以抱怨的口吻来抒写,比如对当前的教育问题抱怨连连,却不能给出很好的解决方法,或者你的抱怨心理不能随着故事的发展,最终得以完满地解决——其实有时只是一两句的希望、希冀就可以结束抱怨,让你自己和抱怨握手言和,如:"我相信,这一切总会过去的,生活终究会迎来它美好的深刻,激动人心的时刻。"这样写就是在化解你心中的"疙瘩",从写作角度看,也能体现出积极的意义,令文章的立意保持在积极健康的轨道上。

(2)自然流露你的心灵、文中人物的心理。更高明的心理刻画是不露斧痕的,不会处处加以强调,却在字里行间随时可被读者发现和感悟到。对写作高手而言,文章中处处可见心理、情绪,比如我们熟知的鲁迅先生在《秋夜》一文的开篇:"在我的后园,可以看见墙外有两株树,一株是枣

第14课　有意识地表达人物心理

树,还有一株也是枣树。"我曾经写文章专门分析过这个开头,我的意见是:先生之所以这样说,一株是枣树,还有一株也是枣树,而没有直接说"两株都是枣树",体现出鲁迅先生在写这篇文章时的某种特定的情绪和心理。如果我们了解鲁迅先生写这篇文章时的一点背景,便不难知道他在和自己的二弟周作人因生活中的某些事而分道扬镳快一年的时候,情绪仍然不佳;就在写这篇文章后不过半月时间,鲁迅先生生了一场大病,住院近一个月之久,这在他的一生当中都是少见的。我们进而可以推测:因某些事情造成他心头的百无聊赖之感,令他写出上面的句子,真实反映出作者当时的心理。

人心尽管是复杂多变的,但人心理上的开心、忧伤、痛苦、无聊等各种况味,在写文章的过程中会自然流露出来。对青少年而言,你不妨做一个实验来对比一下。一次以随意的笔触去写文章,哪怕是一个段落;另一次则全身心投入,把自己最真实的心理注入笔端——其实就是更认真地对待你的写作,哪怕只是一个段落。你会发现,两次写作的结果是不一样的。当你认真对待、全情投入其中时,你的心绪、心理等会自然地融入其中;反之,你随意写的东西,随意性会凸显出来。

我长期批改一个孩子的作文,他的作文常有起伏变化,好的时候非常好,不好的时候主要是语言过于随性,连他的母亲也说："孩子这次的语言比较随意，似乎'调侃'的成分更大。"这里的"调侃"甚至可以和随性画等号，因为随性，所以体现出很强的调侃色彩，即使所写的内容是充满了悲剧色彩的事件。

（3）当我们沉浸在写作当中时，人的心理往往会自然地朝着笔端走，甚至是"喷涌"。说"喷涌"绝不是夸张，因为你认真对待每一个句子，对文中出现的人物和事件抱持一种审慎的态度，你的情绪和心理也因此而融入其中，所写出的句子往往带着感情，有很强的情感色彩。

（4）叙述事件过程中不忘表达你的感想，从而体现出作者的某种特定心理。对记叙文而言，如果是记人作文、记事作文，一名作者常常对其中的人物持某种态度，比如赞赏的、同情的、反感的，都往往伴随着你的叙述而附加出来，这时候你的心理是依附于故事情节、依附于人物刻画的，这没什么不好。对故事而言、对作文而言，是一种"高附加值"的心理刻画。如果是写景作文、状物作文，我们经常听说的"托物言志""借景抒情"等，都是可以充分展示作者心理的。唐代诗人虞世南的《蝉》一诗堪称千古绝唱，诗中的"居高声自远，非是藉秋风"一句十分有名，是作者托蝉而达意的典范，传递出作者品行高洁的内在心理，甚至有一种自负的美。而苏轼在《前赤壁赋》中的句子"清风徐来，水波不兴"，给人的感觉十分舒适。这固然是作者敏锐的观

第14课 有意识地表达人物心理

察和优秀的笔触造成的,然而其中伴随着借助清风、水波而展示其舒适心理的一面。

(5)独立的心理表达。独立的心理表达常常是以独白的方式呈现的。这一点我在"对话能力"一节中做了细致的介绍,这里不再赘述。在青少年习作中,独白的内容不少见,可能因独白是一种相对容易掌握的抒发心理的有效方式。如果有必要,我们在文中的哪个位置插入独白,来集中地抒发自己的某种心理。当你在开篇加入独白时,是和读者心理直接对接的一种尝试,毕竟开篇是极为重要的一件事儿,是一个作者和读者建立联系、建立沟通的第一步;而如果你选择在文章结束前加入独白,那么作者和读者可以在比较"熟悉"的层面上进行沟通,读者更容易体会作者的心思。

不管是哪种心理上的展示,都是以语言来体现的。我想强调的是,当你想在文中调动读者的心理时,良好的语言可以更好地传递你的情绪、你的思想、你的心理。这时,如果能融入一点生动的修辞——不必加入大量修辞,采用一点富有新意的暗喻、明喻,使用适当的排比句式来烘托气势,常常是必要的。当你将心理和语言表达融合起来时,你会发现:你有更多的话想对你的读者说,因为你可以把心理展示得更加充分!

第 15 课
避免为了凑字数而啰唆

啰唆是青少年写作中最常见的一大问题。啰唆是和文章追求简洁、准确的目标背道而驰的。造成啰唆的原因是什么？也许众说纷纭。根据我常年的习作批改经验来看，根本的原因是自身语感欠佳导致的；直接的原因是写作时无意识提升语言质感的结果；加上没有习作完成后进行修改的习惯

01　克服啰唆其实是一种有效控制文字的技巧。用最少的、最简洁的话表达思想。

02　过多的关联词滥用，造成了现代汉语写作的啰唆不堪，尝试减少或删除它们。

03　进入核心的故事情节过慢，造成各种解释性的、说明性的文字过多，是没有必要的。

04　过多的情感抒发也是一种啰唆，这是作者的情绪和情感上的铺张浪费。

克服啰唆既可以在写作过程中，也可以在修改过程中实现

造成的。当然，体现在文章当中是有一些具体的表现的。

一、标题须力争简洁，控制在十个字之内最好

如果你翻看语文书的目录，你很容易发现一个情况：绝大部分文章的标题都在十个字之内。比如新版语文教材七年级上册当中，最长的标题要算鲁迅先生的《从百草园到三味书屋》，一共九个字。许多标题简约到只有一两个字，如《春》（朱自清）、《散步》（莫怀戚）、《猫》（郑振铎）、《鸟》（梁实秋）、《狼》（蒲松龄）。简洁的标题让人感觉清爽清楚，如果一个标题超过了十个字，容易给人以啰唆的感觉。所以，除非十分必要，我们对标题的处理要简洁一点，就这点而言，简短的标题便意味着简洁。

我批改的一篇作文，作者的标题就十分啰唆，标题是《如果我去旅行我会带上指南针》。在这个标题当中，出现两个"我"字，同样的主语出现在一个句子当中两次是没有必要的。所以，我们首先可以删除第一个"我"字，变成"如果去旅行我会带上指南针"，这样立刻简洁了很多。然而，这样的标题依然有问题。如果不再删减文字，可以加一个逗号，变成"如果去旅行，我会带上指南针"。这样做是把句子当中的两层含义用逗号分开，形成一个假设条件的复

句，让句子表达的意思更清晰。

如果我们想进一步缩减文字，让整个标题再简短一点，也不是没有办法。你看，在作者较长的表达当中，是以丧失神秘感、牺牲悬念为条件的，这样很不值当。如果进一步修改，我们可以将标题改成《如果去旅行，我会带上……》。当你去掉"指南针"这个具体的物件后，你的文章标题可以给读者留下一丝悬念。尽管是一个浅浅的悬念，读者很快会在正文中知道你旅行时携带的是什么，但较之把信息一次性给读者，这样的悬念设计，是一种典型的写作技巧。

当然，倘若《如果我去旅行我会带上指南针》这个标题放在诗歌当中，同时有其他的句子联袂成诗，也许句子中有两个"我"反而体现出一个人内心强烈的情感色彩，比如："如果我去旅行我会带上指南针，如果我去天空我会带上一阵风，如果我去故乡我会带上一朵云……"对这样的诗歌句子而言，一句中的两个"我"是对主体意识的强调，自然另当别论。

但我们要明白一个道理：标题越是简洁，越能体现出提炼文字的功底，如果标题就啰唆不堪，那么读者对内容的渴望会顿时降下来。

二、删除一些关联词，你的文章会立刻清爽许多

有时，啰唆是因为在一个段落当中，存在过多关联词造成的。关联词的种类很多，如条件关系、假设关系、因果关系、递进关系等，但在实际运用过程中，很多时候没有必要使用。过多的关联词的连接，会让整个句子变得啰唆不堪，如果同学们有意识地控制使用关联词，坚持"能少用则少用、能不用则不用"的原则，那么这个问题则会得到立竿见影的改善——尤其是在一些记叙文、散文当中。

比如："由于时间紧、任务重，并且我们都是第一次参加这样的比赛，难免有一些紧张和不知所措，于是我们七嘴八舌，分别提出自己的意见。"删除其中的关联词，试试看：

"时间紧、任务重，我们又是第一次参加这样的比赛，难免有一些紧张和不知所措。我们七嘴八舌地提出自己的意见。"原文的意思不仅没有损失，而且令表达变得更简洁。

再比如："因为在第二棒××和××这一组接棒，走了不到五米，她们就突然意外摔倒了，导致我们班和其他班的差距拉开了整整五十米。这时无论谁跑得多快，都不可挽回。但是我们班没有气馁，仍然在奋力地追赶，虽然我们输了，但我们虽败犹荣。"删除其中的一些关联词，试试看：

"就在第二棒××和××接棒时，不过四五米的距

离，她们就意外摔倒了！这导致我们和其他班的差距拉开了整整五十米。这时任你跑得再快，也不可挽回败局了。但我们没有气馁，仍在奋力地追赶。我们输了，但我们虽败犹荣。"

当"因为……所以……""由于……""与其……不如……""虽然……但是……"这些关联词过多地出现在一段文字中时，给人的感觉便有些啰唆。当你发现自己的文章当中过多使用了关联词时，请注意改变叙述方式，削减其中过多的关联词，你会发现文章顿时会变得简洁、清爽许多。

三、过多不必要的背景文字，导致行文的啰唆

对记叙文而言，即使有一定的文字铺垫，这些文字也要有意义，因为它们能让文章延伸出更多的信息，甚至是象征的意蕴。但青少年在写作时，在进入事件核心情节之前，所写的一些叙述有时显得很啰唆，其实一两句话便可带过，从而直接抵达情节的核心。这样便可以为有效的抒情、议论等留下一点空间。比如下面这个段落：

五年级的时候，老师布置了一个要在网络上查找资料的作业，我跟母亲说明了需要手机的原因后，母亲把手机给我了。当时，我的自控能力很差，查着查着就打开了别的应

第 15 课 避免为了凑字数而啰唆

用软件，根本不管作业。当我正在看一篇非常搞笑的文章时，我看到微信群里有人发信息，就点到微信群里去了。我突然看到我班的一个学霸发了朋友圈，心里暗暗地想：原来学霸也玩手机，不认真学习。我很好奇他用微信都干了些什么呢？当我点开他的朋友圈时，我震惊了。全部都是打卡的图片，而且一天也不落。

上述段落最关键的句子在后面。作者想说的其实是见到学霸如此努力而带给他的震惊，然而在进入这个情节之前，作者的一番背景介绍，不能不说是啰唆的。如果简化成："五年级时，我有一次用手机在网上查东西，偶然见到班上学霸发的朋友圈信息——每天背单词且打卡，我几乎震惊得说不出话来。"这是很简单的一件事，完全没有过多的背景性介绍。至于腾出的篇幅，可以刻画学霸打卡的具体情况，也可以反思自己日常在学习上不够勤奋，这些描述都可以强化文章的主题。然而大量的背景性介绍会给读者带来啰唆之感，完全没有必要。

四、过分的煽情带来的啰唆

抒情固然可以升华全文，令读者领会作者的思考，并

105

产生某种心灵上的共振，但过多的抒情导致的"矫情"之感，常常令人深感乏味。如果说在记叙文中，集中抒情可以量化，那么这种抒情的比例不该超过全文的百分之八十。读者读一篇记叙文，从故事、事件以及其中人物的表现就可以得到大部分的阅读满足，而过度煽情往往会给读者带来负面的印象。因为一篇文章在引发读者思考时，读者会因叙事的细腻、刻画的细致、故事的精彩等而形成良好的"反射"——精神共振，这种精神的共振比你的抒情更有力量。

从某种意义上说，写作是和读者互动的过程。作者是经由自己创作的文本和读者来互动的，便不能没有读者思维，不能一味地考虑自己的感受。好的作者会将读者的感受纳入，从而漂亮地完成一篇文章、一部作品。同时，克服啰唆除了上面具体指出的几点之外，主要还须通过反复阅读文章而改变。阅读优秀作品可以培养自己的语感，阅读自己的作文可以发现啰唆之处，慢慢地就会改掉写作中的阶段性毛病。

第16课

写作结构不仅是"总分总"

著名作家王鼎钧先生说，凡是大部头的作品，必暗合建筑学上的原理。这是有道理的，他说的是作品的结构问题。并且不只大部头的作品，所有的文章和作品都有内在的结构，都因内在的结构而得以构建。如果说内容是树叶和花朵的话，那么结构便是主干和树枝。当我们朝窗外望去时，看到的常常是花团锦簇的美丽，却时常忘却了支撑这些纷繁的花朵和耀眼的绿叶的是横竖有序丛生的枝干。枝干并不耀眼，甚至隐藏起来，然而它们的价值却极大。即使寒冬来临，美丽的树叶和花朵不再，然而树干和树枝会依然挺拔在寒风当中，这是它们独特的价值。

结构是青少年学作文时最容易忽略的大问题，这一般和老师的辅导有关系。有的老师忽略了结构训练，导致学生对文章结构的印象很浅显粗略。每当提到文章的结构时，一般的认知是"总分总"。然而，这是一个再粗糙不过的结构认识。总分总的结构，就像一个人有躯干、有四肢、有大脑，但这样的一个结构放在猴子身上、猩猩身上也是成立的。如果进一步细分，许多青少年能将这种结构细分成总分、分总和总分总三种。其实，即使这样细分，也遗漏了一种结构情况——"分"，只有单纯的"分"，而没有"总"的成分。小学课本中就有这样的文章，写一年四季，只有四个段落，没有首尾的两个"总"。

01 全文大结构：开头、中间、结尾。即"总分总"结构

02 悬念：吸引读者看下去。作家常用的手段。

03 题记、后记：常见的结构手法。看起来容易，其实好的题记、后记不仅仅是一种形式。

04 伏笔、照应：令结构圆合完整。令初学者走向成熟。

05 素材组合：并列、对比、递进。既可以在全文构思中使用，也可以在局部体现。

06 铺垫、衔接：好的铺垫可以蓄力待发，好的衔接令文章过渡自然。

尽早对文章结构有深层次认识，可以极大地帮助阅读和写作

总之，仅以"总分总"来认知文章是粗浅的，难以打下扎实的写作基础。如果你已经明白一篇文章常常是由开头、中间和结尾构成的，或者说文章的大结构是"总分总"的话，就可以深入文章的内里，去探究更有价值的结构方式。

文章的结构是作者的内在行文思路，可以帮助我们了

第 16 课 写作结构不仅是"总分总"

解作者是如何一步一步写出来的。在具体的细分技巧方面，有一些常见的结构手法。

一、悬念——悬而未决的东西可吊足读者的胃口

所谓悬念，就是悬而未决的事情。暂时放在那里没有揭示出其真相的一种存在，包括某种表象事实（未揭示其内在）和主观想法（如善意的谎言）等。悬念是容易吊起读者胃口的有效方法。如果你喜欢读一些侦探、悬疑或推理之类的故事和小说，那么对悬念这种手法一定不陌生。造成一件命案的真凶到底是谁？故事的作者心知肚明，但他偏偏不说。如果开篇或在行文中直接告诉读者，或者很容易被读者识破真凶是谁，读者自然就会早早放下这个故事，去寻求一个新的更有趣的故事。对这一类作品而言，悬念的设计是全书的关键手法，作者会用尽各种手段隐瞒读者，掩盖真相，推迟那个真凶的出现。

当然悬念不是侦探、悬疑和推理小说的专利。在一般的文章当中，悬念迭起是所有优秀作者所追求的。就其原则而言，就是推迟时间去揭示事件的真相、推迟时间去告诉读者某种真实想法的存在——作者甚至不惜写一点虚假的事实（表象事实），或者给出善意的谎言。写文章有时需要一点

故弄玄虚的精神,这样的方式可以有效留住读者的心思,从而让读者在一种渴求——渴求真相、渴求信息中完成对全文的阅读。

我们知道,一个作者在写文章的时候,他掌握着全部信息,即使他在经历这件事的过程中,自己也曾经受到悬念的诱惑,被蒙在鼓里,然而在写文章去"还原"事件过程的时候,悬念的存在也是必要的。著名作家萧乾有一篇叫作《枣核》的文章,说的是他在动身赴美之前,一个朋友请求他带几个枣核过来——一个悬念就此诞生。干吗用呢?连当时的萧乾都不知道,因为他的朋友也神秘兮兮的,说:"你来了就知道了。"所以当萧乾到了美国时,他迫不及待地询问这几颗枣核的用途,然而他的朋友是一个故作神秘、制造悬念的好手,愣是没有立刻说,而是把自己退休后的生活现状告诉老友:"我自己退休了,儿女成家了,老伴在一家研究所里做营养实验。"直到这时,老友才揭示枣核的真正用途:想在自己的花园里种上枣核,看看能否复原在北京北海故乡时的那种枣树——说白了,老友的思乡之情,全都寄托在这几颗枣核上。行文到此,我们作为读者才明白:萧乾先生是一个写文章的高手,不过是几颗枣核,一方面给了读者很大的悬念,一方面又承载着老友的思乡之情。不过,几颗枣核这样的小物件,却在文中担负着如此"重大使命"。其实,当萧乾写这篇文章时,他当然早已知道了枣核的用

第 16 课　写作结构不仅是"总分总"

途,早已对老友的思乡有了明确的认识,但写文章必须退回去——还原整个过程,所以不适合早早交代枣核的用途,而适合设计成一个悬念。

再看一个案例。著名作家林海音女士的《窃读记》一文的开头,她说:"转过街角,看见三阳春的冲天招牌,闻见炒菜的香味,听见锅勺敲打的声音,我松了一口气,放慢了脚步。下课从学校急急赶到这里,身上已经汗涔涔的,总算到达目的地——目的地可不是三阳春,而是紧邻它的一家书店。"读了第一段,我们的心中不禁要问:林老师小时候这一幕是要干什么?这就是悬念,悬而未决的东西出现在我们的眼前。她急匆匆、汗涔涔地跑了一路,甚至可见其慌里慌张的样子,闻到了炒菜的味道,却又不是去吃饭,可是去书店为什么会这样的慌张、赶赴?后文中我们才明白其原因:担心正在看的那本书被人买走了,等等。这样的悬念开篇,首先便营造了一种不寻常的紧张气氛,读者的心也随着起伏,想一探究竟。较之寻常的概括性,全交代就有更大的优势,况且作者以紧张的情节切入全文,对延续后文的故事是一种很好的铺垫。

其实,悬念无处不在,可以在文章中随时设计一个。标题可以有悬念,如《谁是最可爱的人》《这是一片神奇的土地》《这才是我最想要的》《这是合理的吗》,等等。其实容易看出,当有代词出现的时候,代词背后的具体所指是什么，便是一个自然的悬念，或者用某个疑问句作为标题时，也容易出现悬念。

开头可有悬念，许多名著的开头都蕴含着悬念的成分，从而给人留下异常深刻的印象。如：

（1）有钱的单身汉总要娶位太太，这是一条举世公认的真理。（简·奥斯丁《傲慢与偏见》）

读了这样的开头，读者很想知道：面对这样一条"举世公认"的"真理"，哪位有钱的单身汉，将和怎样一个女孩结婚呢？故事到底是怎样的呢？

（2）祁老太爷什么也不怕，只怕庆不了八十大寿。（老舍《四世同堂》）

老舍在《四世同堂》的开篇也同样吸引读者。祁老太爷这样想的原因是什么？他的这种惧怕因什么而来？尽管老舍很快围绕祁老太爷的经历讲出了他内心担忧的缘故，但至少这样的开篇足以吸引读者进入整个故事——对一个大部头作品而言，时不时设置点悬念，然后再给出真相，是步步引领读者的好方法。而在一些常见的悬疑、推理小说当中，终极悬念往往只有在最后才揭示，但在长达十几万、二十几万字的小说当中，多次出现各种小悬念，以令读者享受未知并通过阅读而探索未知的过程，十分有趣！

对长篇小说而言，作者以"极简"的话语把读者引入自己的故事中，绝非易事。托马斯·福斯特在《如何阅读一本小说》中，对小说第一页需要呈现的东西有很细致的言说，比如文体、格调、情绪、措辞、视角等，其实好的小说家可以在第一行当中呈现出许多内在的信息。当读者进入故事中后，再回头看全文的开头，会觉得异常绝妙。——当然，悬念是造成这种绝妙的一种常见的有效手法。

理解悬念并不难，悬念无非是控制关键信息出现的时间，让它们延迟出现在读者眼前而已。

二、铺垫——蓄力待发，厚积薄发

铺垫是进入核心情节、核心观点之前的东西，常常是暗示给读者的某些预感，一个有点经验的读者能在作者的铺垫性文字中领略到即将到来的故事的味道、观点的倾向。就像一个有经验的人对今天的天气有某种预判一样，他可以"看云识天气"，发现气象的某种奥妙。

铺垫需要控制在一定的程度之内，过分的铺垫并不好，令人觉得有卖弄之感。如果你的语文老师找你到办公室谈话，没进入核心话题之前绕来绕去地说一些看似无关的东西，其实他就是在铺垫。也许他想告诫你这段时间在学习上有所松懈，你的成绩将下滑，被其他同学远远地甩掉，你可以在他"绕"的口吻当中感受到某种意味，猜想到接下去他想说什么。

我们学过一篇课文，阿累写的《一面》。文章讲述的是1932年的秋天，作者在上海内山书店见到鲁迅先生的故事。作者要等早班车回来，为了避雨，便到内山书店去避雨。作者先写出了内山先生的热情接待和作者买书缺钱的困窘，这些是在为鲁迅先生在文中的出场做铺垫。想一想，如果他进入书店看到一本好书，掏出钱来立刻买单，鲁迅先生就没有出现的必要了。当然这也不符合当时的事实，而如果他在文章中忽略上述铺垫，三言两语便推出鲁迅先生，文章的味道也要逊色太多。

当我们看电影时，如果看到一条幽深的走廊，听到角门被风吹得吱吱响，讨厌的老鼠从眼前溜过，破败的光景出现在观众眼前，这意味着一个恐怖的场景就要出现。而前面这些场景的出现，其实也是导演的一种铺垫，对恐怖气息的一种预先展示。

三、伏笔和照应——一对令内部结构圆合的手法

这一对结构方式，可以让你的文章在结构上十分完整，请记住：前面有伏笔，后面必须有照应。如果你的前文设置了伏笔，而在后文中没有照应，那么你的结构就是不完

第16课　写作结构不仅是"总分总"

整的。俄国著名短篇小说家契诃夫在谈创作时曾经这样说：如果你在头一章里提到墙上挂着枪，那么在第二章或第三章这枪就得响。否则，如果不开，那枪就不必出现在那里。这个意思是明显的，虽然契诃夫说的是小说的创作，但青少年在限字作文当中也该如此，前面留下的某个伏笔，后面一定要有所照应才行。比较典型的伏笔和照应是在文章的开头和结尾，这样一来，中间的大篇幅内容，可以为伏笔和照应拉开很大的距离，从而最终让全文的结构浑然一体——这也造成另一种常见的效果，就是首尾呼应，这是特殊情况。

在《水浒传》第十六回"杨志押送金银担，吴用智取生辰纲"一章当中，作者先是总地介绍了一段杨志押送生辰纲的情况，他说："自离了这北京五七日……杨志赶着催促要行，如若停住，轻则痛骂，重则藤条便打……"这里出现了"藤条"一词，随着故事的展开，读者不禁要问："杨志用了这藤条没有啊？"所以，你看作者在整个故事的叙述过程中，多次说到藤条的用处：①杨志提了朴刀，拿着藤条，自去赶那担子。②老都管和当兵的议论时，也对藤条印象深刻，说："动不动老大藤条打来，都是一般父母皮肉，我们直恁地苦！"③其中有个军士不满，抱怨起来说："提辖，我们挑着百十斤担子，须不比你空手走的，你端的不把人当人！便是留守相公自来监押时，也容我们说一说。你好不知疼痒，只顾逞辩。"结果呢？杨志骂道："这畜生不呕死

115

俺，只是打便了。拿起藤条，劈脸便打去。"等等。

　　此外在这一章中，出现的"椰瓢"这个物件也得到了运用。不仅可以用来饮酒，还在整个智取生辰纲中起到了必要的作用，用它把蒙汗药放在酒水中。前面交代了椰瓢的存在，后面就要用到这个物件。这就是伏笔和照应的关系，否则作者写椰瓢干什么呢？

　　再举一个电影的例子。由开心麻花团队制作的电影《羞羞的铁拳》，相信很多人看过，十分搞笑而励志的一部喜剧电影。剧中靠打假拳度日的艾迪生这个人，为了彻底打败对手拿到金腰带，在武林一派叫作"卷帘门"的副掌门张茱萸手下学了几个月。这是为他最终打败敌人积蓄力量的一个过程，他从这个不靠谱的副掌门这里学到了什么呢？每一招看似都很无厘头，但他训练出了速度、耐力，在拳击的决赛现场，当他要彻底失败的时候，这些曾经训练过的看似无厘头的招法全部发挥了作用，结果彻底打败了对手。这是一部喜剧电影，我们不论它背后蕴含的一些深刻的寓意，但就那些镜头和它们最终对主角所起到的作用来说，我们就能从中得到一些写作上的启发：当你在前面设置了伏笔的时候，在文章结束前必须重新用到它们，否则你提到它们有什么用呢？

四、过渡——衔接上下文的必需,自然、无痕是境界

过渡是两个结构单元之间的一种衔接,时常需要作者以一两句简短的话来作为衔接。为了保障全文的整体性,而在不同表达单元之间出现的、以连接两个单元之间的文字常常是简短的,简短到一个句子,甚至只是一个词汇。比如在刘心武的《错过》一文中,上一段作者说:"人生的路啊,为什么,为什么总是充满了这样多的错过?"下一段作者说:"然而细想,可有'万无一失'的人生?"其中的"然而细想"其实就是一种过渡。"然而""但是……""而"等都是表达过渡的标志性词语。再如,在泰格特的《窗》一文当中,作者先说了一名病人的情况,他说:"其中一位病人经允许,可以分别在每天上午和下午扶起身来坐上一个小时。这位病人的病床靠近窗口。"下一段作者说:"而另一位病人则不得不日夜躺卧在病床上……"这样的过渡就令作者的言说从一个病人身上自然地转移到另一个病人身上,实现了文字的自然过渡。

须注意的是,过渡在文章当中经常出现,除了常见的句子之间的过渡之外,尤其要在两个叙述单元转换时出现,而不是两个自然段之间必须有这种标志性的过渡。在一个故事延续的过程中,作者按着某种线索向前叙述,是在一个范

畴内叙述，不存在过渡的问题。只有当你的笔锋需要转换时，才有过渡的必要。过渡在议论文当中更常见，因为需要思想见解的逻辑化叙述，以确保观点论证的严密性。

五、抑扬——我很丑，但是我很温柔

抑扬也是一种典型的结构手法，当然也有不少人将它归为表现手法。从写作思路的角度看，作者先贬低，然后再褒扬，从而体现出文章结构前后的差别，所以也可理解成结构手法。

我们常常有这样的经验认识：当我们去商店买东西时，比如买一个电脑鼠标，我们事先其实在内心里已经选定了某个品牌，但我们会对这个品牌的老板说："老板，你这个鼠标手感一般，只是看起来样子还行，用久了的话估计对手不好啊。"老板会解释说，"哪里哪里，这款鼠标卖得最好，大家都喜欢啊。"这时候你可能会说："要是便宜点，我就买一个算了，不看别的了。"其实，你这样贬低这个鼠标的目的只是杀价而已！这就是抑，抑制本来很好的东西，自己心里是喜欢的，但嘴上却说不好，找它的缺点，甚至是鸡蛋里挑骨头。

茅盾先生的《白杨礼赞》这篇文章当中，将这个手法

第16课　写作结构不仅是"总分总"

用得十分灵活，给人印象深刻。他说："它没有婆娑的姿态，没有弯曲盘旋的虬枝。也许你要说它不美。如果美是专指婆娑和旁逸之类而言，它不算树中的好女子。但是它伟岸、正直、朴质、严肃，也不缺乏温和，更不用提它的坚强与挺拔，它是树中的伟丈夫。"作者文章的名字是《白杨礼赞》，然而却说了那么多白杨树的"不是"——它没有婆娑的姿态、没有弯曲盘旋的虬枝之类的话，其实就是一种欲扬先抑的手法。这样做是为了在后文礼赞白杨树的时候，可以表达得更加肆意洋溢，更加突出白杨树的美好。

有一篇文章叫作《小气的父亲》，作者刘清山。作者在头几段中这样说："父亲的小气，在我曾经度过童年、少年时光的村庄里是小有名气的。一枚咸鸭蛋，就是他最好的菜了。他一大早把咸鸭蛋磕开个口后，早晨吃，中午吃，晚上还吃，一根筷子在鸭蛋里轻盈地拨拉着。吃完后，他又举起手中的空蛋壳，对着阳光仔细地看，确定里面空空如也后，才恋恋不舍地扔掉。"但作者结尾是怎么说的呢？"父亲是这样说也是这样做的，该小气时小气，该大方时大方。他把小气留给了自己，把大方给予了孩子，他用小气支撑起了这个曾经一贫如洗的家，却大方无私地把父爱雨露般洒到我的身上。"你看，作者在前面写父亲很小气，用抑扬手法突出了父亲光辉的高大形象。其实，在写人记叙文当中，很多同学都不知不觉地采用了先抑后扬的写作手法，比如，首先表达对某人某个行为的不满，当故事结束的时候我们才发现其实这个人物很值得我们学习。

这些例文对我们写作文来说，有很好的借鉴作用。当你写一个人的时候，如果你想采用欲扬先抑的手法，那么就先写这个人的各种缺点，可以从几个角度、几件小事来写，然后笔锋一转，转到能突出这个人的光辉形象上去。两者之间只需要一两句话的过渡就可以。

在《水浒传》当中有一章是写"林冲棒打洪教头"，这一段故事是小说中十分有名的抑扬手法。作者为了突出林冲的武功高强，洪教头的不堪一击，并没有上来就写两人的巨大差别。作者首先写洪教头的各种傲慢、无理，对林冲的不敬。其中还有一个柴进。其实在柴进心里，林冲的本事他是很清楚的，他想通过林冲来杀一杀洪教头的傲慢和锐气，所以他没有揭破这一点，并且还拿出银子，告诉他们谁赢了谁得到。作者先是写林冲拜见洪教头，洪教头傲慢不理。洪教头却说林冲是假冒教头，诱讨酒食，林冲并不作声。洪教头提出比武，林冲却称不敢，洪教头气势汹汹，来攻林冲，林冲退避。接着，写到柴进让人给林冲开枷，拿二十五两银子为利物，最后才写到林冲一棒打翻洪教头。这种欲擒故纵的抑扬手法扣人心弦，令读者在读到洪教头的傲慢、无礼时很生气，而在林冲打败洪教头的那一刻顿时觉得解气、痛快、过瘾！

第16课　写作结构不仅是"总分总"

抑扬的手法能令整个故事情节产生很大的前后反差，从而更好地突出文章的主旨。为了实现这种效果，需要我们在设计情节的时候，对情节前后之间设计一种反差，相当于欲扬先抑那样，不是直接赞扬、不是直接揭示，而是通过外围的故事情节、线索人物的存在，以及环境的烘托等，来实现一种抑制的效果，从而在揭开"锅盖"也就是真实的、更核心的内容时，读者看到具有反差效果的真相，从而更好地揭示出文章的主旨。

如果你反复阅读一篇文章，当你意识到故事之所以精彩，是因为作者精心安排了先说和后说，先说如何带动后说，以及良好的铺垫、精彩的转折。

经常有家长和学生问我一个问题："这篇作文的开头怎么写？"这是我最不喜欢的一个问题，因为如果我给他们一个具体的回答，便会局限孩子对开头的认知，觉得这篇作文好像只能这样开头；如果我给出一个具有普遍意义的回答，又难以令他们感到满意。实际上，当你在思考文章如何开头的时候，你可以牢牢记住一点：从一个圆心出发，可以有无数条半径抵达圆周。我的意思无非是：一篇文章怎样开头都是可以的。如果是一个故事，你可以按照故事发展的时间讲起，也可以先说结果再倒叙整个故事，还可以从故事中拈出一段情节，吸引读者的眼睛，从而达到"聚众"的效果——读者总是难以摆脱"看客"的心理，你的开头越是精彩、越是独特，越是能吸引着他仔细看下去。

　　我常在网上看到一些所谓文章开头的十法、八法之类的技巧性辅导，这些技巧对学写文章也有好处，但如果你不善于总结和领会，便难以对开头的方式有一个原则性的认识。一旦你不能形成原则性的认识并灵活采用，所谓的"套路"便出现了，每次当你动笔作文时，那些所谓的技巧就会在你头脑里闪烁不已，让你"欲罢不能"。很快，你会成为技巧的俘虏。

　　一个人一旦成为技巧的俘虏，一次次轻松地写出固化的开头而不自知，便如温水煮青蛙那样，逐渐丧失了创新学艺的劲头。时间一长，你的文章想要摆脱各种技巧的套路，便十分困难。所以，我们在学写文章的过程中，要追求更高层次的东西，这就是写作的原理和方法，要逐步令自己掌握一整套的方法论，并在写作的实践中反复操练，你便能在写作的天空中游刃有余。

第 17 课
适当地删减和调整结构

和啰唆相比,结构上的删减更值得重视。因为日常训练当中,大部分学生会忽视这个方面。许多学生意识不到的一个问题是:绞尽脑汁写下的一两百字的整个段落,居然是需要删除的。这似乎有点令人难以接受。但,如果你想给读者更好的阅读体验,就不该把与主题关联不大的大段文字保留在你的文章当中。

一、结构上的大幅删减

结构是对材料有意义的战略性安排。如果文章中某些片段、文字的存在对全文的中心没有多少价值,那么就需要你果断删除。初学写作者在这方面常常犯错,其错常常在于忽略中心的圆点,而把圆周之外的东西硬拉进来,这种硬拉之举常常给人以凑字数的嫌疑。然而有时候，大段的内容都与主题无关，作者写的时候却兴致勃勃，就像我们在森林当中已经迷失方向却不自知，沉浸在迷宫一般的游戏当中，心情是快乐的，然而却步步远离既定的目标。一旦作者意识到要从结构上做大幅删除，第一感觉常常是不忍，觉得写了这么多，绝不忍将其删除。要我说，和文章中心无关的字，一个都不要留！果断删除，再去补充真正可以反映主题的文字才好。

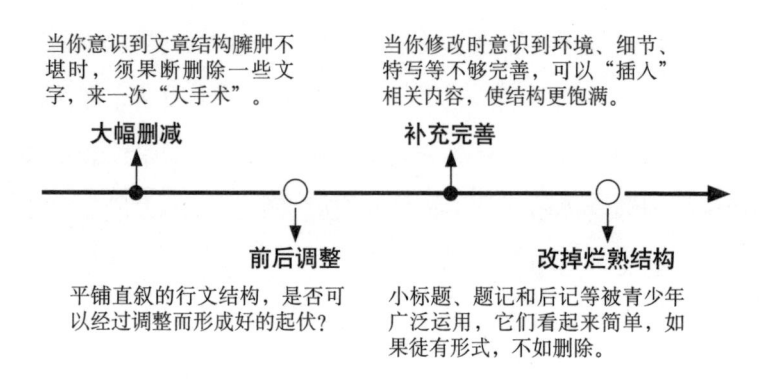

大幅删减：当你意识到文章结构臃肿不堪时，须果断删除一些文字，来一次"大手术"。

前后调整：平铺直叙的行文结构，是否可以经过调整而形成好的起伏？

补充完善：当你修改时意识到环境、细节、特写等不够完善，可以"插入"相关内容，使结构更饱满。

改掉烂熟结构：小标题、题记和后记等被青少年广泛运用，它们看起来简单，如果徒有形式，不如删除。

删减结构是作者走向成熟的关键

比如在一篇游记当中，一名学生兴致高昂地向读者介绍出发前的各种准备、路途上的各种风景，包括塞车而耽误的时间等都用了大段篇幅，然而真正到了观景之地时，却用三言两语地把对各种美景的描述"打发"了。这些美景在眼前转瞬即逝，作者描写时未触及景致的内在美好，便仓促地走向下一处景致,整个过程既没有重点,也显得十分仓促,造成全文的结构出现了很大的问题。这时如果建议作者:请删除关于进入游览前的各种细致准备、去掉塞车路上的大段风景和心情的刻画,或者压缩到原来的五分之一也是好的啊!作者听了这话,立刻会愁上眉头——写出来多么不容易啊,就这样一删了之?没错,就这样一删了之,绝不后悔。因为真正的美景等着你用心刻画,要深入景致的内部,挖掘其内在的美好,这才是全文的关键。

如果你觉得这一次的游览,和上次去另一地的景致似乎相像,差别不大,那更要用心思考,找出它们的差异。世界上没有两片相同的树叶,更不要说两处景致了。

我们要把文字功夫花在全文的重点上,体现到真正关键的地方,而不是去"圈外作业"。那样的话,只能让你越走越远。

二、结构上的前后调整

结构既然是对材料有意义的安排,甚至是一种战略性和全局性思考的体现,那么就需要我们合理安排行文的先后顺序。一件事在心中涌了出来,成了一次写作的最佳素材。你打定主意要写好它,然而你如何讲好这个故事,如何通过你的叙述过程——结构上的战略性安排，得到读者的赞许，甚至引起读者精神上的共鸣？

想一想，从圆心出发去圆周，有无数条半径路线可以走，你准备走哪一条？这是关键性的问题。

叙述一件事，理论上可以从任何起点开始。尽管这件事的发生是一个线性过程，沿着时间线一路发生的，并且是不可逆的，但你要知道：叙述是可逆的——这就是倒叙；叙述过程中可以插入一些内容，即所谓插叙；当你的叙述完成之后，感觉有些东西有交代的必要，否则容易引起读者的疑惑——这就是补叙。当然，最基本的叙述还是直叙，从这件事的起点开始，从它的原因开始交代给你的读者。

说起来蛮复杂，其实做起来并不算难，因为可以选择的方式也不是理论上的无数条半径。你在实际写作当中，要么直叙其过程，把整个过程顺畅地交代给读者；要么倒叙而先说某个结果，或从最精彩的情节写起，再按顺序写整个事件。

三、结构上的补充完善

关于写作结构，最基本的一个要求是完整。想想看，如果你跟周围的人说一件事，只说了一半，别人不着急才怪，他们肯定会追问事情后来怎样了？所以，我们写作时要格外注重结构上的完整性，对需要交代的东西一点都不保留。而对于想含蓄表达的话语，倒是可以把意思藏起来不明说。就像海明威坚持"冰山理论"那样，他的小说如《老人与海》，其实只写了"水面"上的八分之一，剩下的八分之七需要读者来领略。在海明威看来，一个作家没有义务呈现坚冰的全部，把水面上的那点东西说完就可以了。

也许我们对海明威的这种理论了解不深，但至少我们要明白：我写的即使只是水面上的坚冰，也要把这八分之一体现得完整。

四、几处小结构的增删问题

那么，初学者在增删结构时做到有意识、有方向、有明确的办法是什么呢？除了上面强调的部分内容可以对调、可以补充之外，对常见的几种结构手法，我还是建议慎重使用，除非它们确有必要。

第一，毫无关联的题记应该删除。题记是青少年最熟悉的一种小结构。它常常是一句话构成的，放在全文开篇之前。读者在读了标题之后，第一眼看到的就是题记。在青少年写作当中，我很少见到真正的匹配性题记。所谓匹配性题记，指的是和全文的内容、思想、情感等协调一致的题记、必要的题记。就大部分题记而言，完全是一种赘余的东西。就像一个人的手上生出了第六指一样，需要一次手术。青少年在作文中滥用题记，其内在的心理，既有美化全文结构的考虑，也有补充文章内容不足的"添头"心理——反正放上去也没什么，并且增加一个题记是很容易的一件事。

我们应该从题记存在的意义来考虑是否有这个必要。题记是结构的一种，是在全文之前精心设计的一个小结构，以配合支撑全文的大结构，以明示、暗示给读者一份深意。这份深意当中，可能有作者的情感、思想和价值观，也可能包括了文章的某种意味、某种意义、某种氛围。

这样看来，题记对文章而言，不仅是形式（结构）上的，也是内容上的。一个不能兼顾形式和内容两者价值的题记，绝不是一个好题记；一个不能首先考虑内容意义的题记，同样不是一个好题记。一个怀着随便写写的心态，添加上去的题记是没有意义的，徒有一个好看的形式而已。

当然，所谓的后记也是如此，不再赘述。

第二，徒具形式的小标题应该删除。和文章的题记一样，文内小标题一方面可以点缀文章，令层次看起来更清晰；另一方面它拟起来也十分简单。所以，这些年青少年作文中涌现出大量的小标题。

有时，小标题展示的是作者的一种小聪明，而非大智

第17课 适当地删减和调整结构

慧。所谓小聪明，是指在简单易行的地方耗费心思，想要给文章锦上添花——这是对形式的一种雕琢，与其这样，不如把心思更多地放在内容上。所以，每当读到三四个（一般三个）独占一行的小标题在文中"向读者招手"的时候，我首先便会怀疑作者的结构打磨能力。好的结构不是这样粗浅地呈现在读者眼前的。

（1）小标题省却了文字上的过渡。各个小标题完全是一个小的"独立王国"（彼此之间有内在的联系），其作用是区隔上下文，从而"取消"了上下文以其他文字来过渡的必要。

（2）与其说小标题令文章的层次变清晰，不如说令文章的结构变得简单，让读者对作者的思路一目了然。可问题是，一目了然就是好的吗？

（3）各个小标题之间缺乏形式和内容上的关联。如果彼此之间在内容上是强关联，在形式上是强对称，那么还能看出作者打磨时的思考痕迹，否则更令人觉得不尽如人意。

第18课
抒发感情要真实、适度

抒情的重要性不言而喻，情感真挚是文章本身的内在要求，是青少年写作中的一条"硬杠"——如果我们去查看历年的考场作文要求，其中必有一条：感情真挚。这永远是一类文在感情方面的要求。而到了二类文，其用词发生了一点变化，变成了"感情真实"。

著名作家高晓声写过一个故事，很有趣，很能说明感情在文章当中的价值。这篇故事叫作《摆渡》，说的是四个人要渡河，其中一个是有钱人，一个是有力气的（大力士），一个是有权的，一个是有才的（作家）。摆渡人要求每人把他最宝贵的东西给他一点，否则便不渡他。有钱人给了钱，有力气的举起拳头，有权的许诺给他一份更轻省的活计，他们都得以顺利上了船。唯独有才的作家最宝贵的是创作能力，然而一时间无法给予摆渡人，便不能登船。作家辛酸不已，仰天长叹："我平生没有作过孽，为

第18课 抒发感情要真实、适度

什么就没有路可走了呢？"结果摆渡人听了说："你把你最宝贵的东西——真情实意给了我。请上船吧！"作家觉得摆渡人说得真好，作家没有真情实意，是活该无路可走的。这个故事提醒我们：真情实意对写作而言该是何等的重要啊！

抒情是将内心的真实情感，化作语言传递给读者的过程。我们对抒情的理解，是从一些简单的感叹句开始的，如："我爱你，妈妈！""多么难忘的一天啊！""这是我最快乐的时刻！"……经验告诉我们：青少年学会写抒情句是通过上面的句式训练的。

然而随着年纪的增长，很少有人甘心最简单的直接抒情。小学生初学作文时，常常在结尾处来一句："我爱你，妈妈！"不仅可以训练写抒情句，还能让读到作文的妈妈异常感动，因为看到了一点点长大的孩子会用语言表达如此真挚的感情。当然，复杂一点的抒情往往也会随着年岁的增长而出现在写作中。当你的心中涌起一股难以抑制的感情时，在这种感情的支配下，情绪、情感的文字便有如滔滔江水连绵不绝，比如下面的句子：

如果黑板就是浩渺的大海，那么，老师便是海上的水手。铃声响起那刻，你用教职工鞭作桨，划动那船只停泊在港口的课本。课桌上，那难题堆放，犹如暗礁一样布

131

列，你手势生动如一只飞翔的鸟，在讲台上挥一条优美弧线，船只穿过，天空飘不来一片云，犹如你亮堂堂的心，一派高远。

在这种典型的抒情段落当中，作者怀着对老师的深情讴歌赞美之情，以假设句式开头，运用暗喻的修辞手法，把老师比作海上的水手。把老师讲课时的生动手势比作一只飞翔的鸟一样，可见其灵动；赞美老师的心亮堂、高远。在这段文字中，作者把自己的情感贯穿于其中，呈现出许多丰富的画面。我们能看出，比喻的修辞和联想的手法对抒情大有帮助。比喻是更形象化的表达，是化抽象为形象、化陌生为熟悉的一种常见的方法。黑板、铃声、教鞭、课桌、手势、讲台等，加上老师本人，我想这些都是我们日常学习中最常见的物件和人，如果只是单一的写实，把上述物件和老师本人连缀成文，也是可以的，但抒情的文字放在何处呢？如果在全段的最后来一句抒情，也许就变成了小学初学作文时的那句："老师，我爱您！"

这样的表达对高年级的小学老师、初高中的老师来说，我想，他们一定会觉得这样写过于幼稚了。可见，随着青少年的成长，我们有必要让抒情的内容更复杂——复杂不是追求的方向，是因抒情的丰富而体现出来的。

第 18 课 抒发感情要真实、适度

我们再看一段文字：

我深深地认识到：即使你是一只矫健的雄鹰，也永远飞不出母爱的长空；即使你是一条扬帆行驶的快船，也永远驶不出母爱的长河！在人生的路上不管我们已走过多远，还要走多远，我们都要经过母亲精心营造的那座桥！

当你的考场作文出现这样的抒情段落时，我想，至少老师不会去扣分。能拿到多少分值，还要看你在语言表达上的天分。你看这个段落的开头，作者以"我深深地认识到"把读者带入他的情感中，作者认识到什么了呢？简言之，母爱的伟大。

从一个人的智力发展或者开始有意识地使用写作技巧来看，要把脑海中的"我爱你，妈妈"转化成复杂、丰富、不显空泛的句子，作者意识到整个段落可以使用排比句（说它是反复的修辞也好，排比一般有三个层次的延续），把一句简单的抒情复杂化。其实，要想完成上述这个看似简单的小段落，也不是很简单。因为作者使用了语言上的修辞、手法上的联想、情感上的一贯。

以上两个小的案例，明显出自学生之手，带有一种典型的青少年抒情的味道。那么，那些知名的、伟大的作家又是怎样抒情的呢？他们在抒情时有什么高明的地方值得我们学习和借鉴呢?

我们来看一下著名作家朱自清在《背影》一文当中的抒情。《背影》是一篇十分有名的散文。我们年少时学《背影》一文,体会文中作为子女而仰望父爱的思想感情。当我们为人父母后,我们会对朱自清的父亲感同身受,我想随着我们年纪的增长,我们的体会一定更加深切。总之,朱自清先生所写的这份"父子情深"的故事,我想是可以传之千古的,注定会打动一代又一代的父与子。

那么,朱自清是如何抒情而铸就了这篇名文的呢?

首先,大作家的抒情常常是融入叙事与描写之中的,他在叙事的过程中就带着浓厚的情感,在刻画的时候更是如此。饱蘸深情,说的就是这种情况。换言之,朱自清的散文是以情感驱动的叙事散文、是以情感驱动的生动刻画。所谓在叙事中融入情感,可以理解成:在情节化的过程中融入作者的思绪、思想和感情。

作者开篇就说:"我与父亲不相见已二年余了,我最不能忘记的是他的背影。"

第18课　抒发感情要真实、适度

第4次写父亲的背影
结尾处再写背影。呼应开头。第1和第4两次是想象，第2和第3两次是实写，是真实的刻画。

第2次写父亲的背影
父亲买橘子的情景。着墨最多，用意最深。

第3次写父亲的背影
只有一句。他的背影混入来来往往的人群。体现出别离时的惆怅之感。

第1次写父亲的背影
我与父亲不相见已二年余了，我最不能忘记的是他的背影。其作用在于开门见山、点题等。

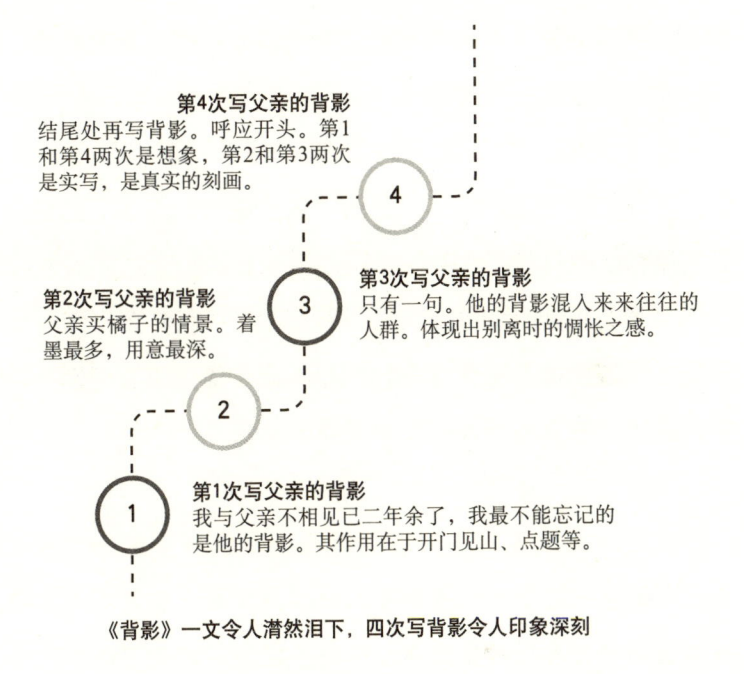

《背影》一文令人潸然泪下，四次写背影令人印象深刻

　　作者对抒情的梳理在第一句话就已展露无遗。前半句说"我"和父亲有两年多没有见过面了，这是叙事——叙述一个事实，然而字里行间体现出作者对父亲的思念；而在后半句中的"最不能忘记的是他的背影"——背影是全文的线索，是作者紧紧抓住的一条主线。想一想，当人们在车站送别的时候，最后见到的是什么？渐行渐远的身影。也许是正面的，也许是扭过头去拭泪的动作。这样的场景是最令人难忘的，当然，在进入对父亲背影的正式的、正面的刻画之前，作者有许多细节上的铺垫，比如父亲和脚夫讲价钱、上车给他拣定一个座位，以及反复的叮咛，等等，都为后续背

影的正面刻画做了有力的铺垫。所以作者抓住背影来抒情，也是水到渠成的一件事。

作者的眼泪在表达感情方面，也起到了很好的作用的。"我的眼泪又来了"，表面写的是眼泪，其实写的是内心的感情，是抒情。

对背影的刻画在其他的文学作品当中也有极为深刻的印证，比如杨绛先生在《干校六记》第一篇《下放记别》当中，她所记的背影给人的印象同样十分深刻：

阿圆送我上了火车，我也促她先归，别等车开。她不是一个脆弱的女孩子，我该可以放心撇下她。可是我看着她踽踽独归的背影，心上凄楚，忙闭上眼睛；闭上了眼睛，越发能看到她在我们那破残凌乱的家里，独自收拾整理，忙又睁开眼。车窗外已不见了她的背影。我又合上眼，让眼泪流进鼻子，流入肚里。火车慢慢开动，我离开了北京。

这段文字同样采用了极高明的写作手法。《下放记别》当中，仅有的两次"背影"——虽然出现的次数不算多，但杨绛先生对女儿阿圆背影的刻画——踽踽独归的背影，以及不见了的背影，同样令人心碎，把读者带入了当时的场景当中，甚至为之泪下。

可见，更高明的抒情常常是借物抒情，通过借助实体

第18课 抒发感情要真实、适度

来抒发内心的情感。这样看来,前文中那个初中生写老师时借用了黑板、教鞭等,较之单纯的抒情则更胜一筹。

将情感的抒发融于叙述当中,从字里行间打动人,常常是作家们最擅长的一面。不信你可以读读史铁生的《我与地坛》,读一读贾平凹早期的散文,比如《我不是个好儿子》《祭父》《哭婶娘》等文章,这些了不起的作家都会把自己的感情悄悄融入叙事中,让读者从一开始读到文章的结尾,都难以走出来。这就是同呼吸、共命运的滋味。

当然,文无定法。这个古老的文章法则,在什么时候都有用。饱蘸深情的笔墨固然令读者动容,但对散文而言,也不意味着必须时刻把浓情融入你的叙事中,这不是唯一有效的方法。总有作家们另辟蹊径,把抒情这一手法运用到惊人的地步。例如,在何立伟老师的随笔集子《当时明月当时人》之中,第一个部分叫作《过眼人如烟》。作者写了49篇随笔,标题都是人的名字,比如《矮哥》《迟教授》《老金》《九哥》,等等,这些人物在作者笔下都是异常鲜活的。何老师的文章很有特色,一般开篇就直奔故事,直叙情节,比如在《常浩》一文中,开篇是:"我那天到河西开会。"在《邓武》一文中,开篇是:"好多年前我在二鞋厂挂职锻炼。"等等,基本很少见到何老师抒情。但他的文章结尾常常给人以韵味无穷的滋味,比如《迟教授》一文的结尾只有一句话:"当其时,他是何等的潇洒,这是此一时彼一时也。"当然，这样的结尾有作者的感叹："何等潇洒"；有作者的议论："此一时彼一时"。这样简洁的结尾为何令人涌起无限的韵味？我想，这与随笔的小说化写作手法很有关系。作者写过眼人的故事，在时间上往往是和现在拉开了一段距离的，作者采用叙述的陌生化处理方式，让随笔给人以小说的味道，尤其是小小说的感觉。这种随笔最后的一两句，往往体现出丰富的意蕴，就像小小说结束时点出主旨一样。

在某种意义上，有些作家是反抒情的，而有些作家则看重抒情。比如朱自清的散文《背影》，作者的情感从第一句就体现得淋漓尽致；而在"反抒情"风格的文章当中，读者一时间闹不清作者的文章抱持怎样的情感，往往读到文章结束前的一刻，通过最后一句话才了解作者刻意保留的情感。读者在读完故事之后，仿佛忽然在迷失的森林中见到作者刻下的情感方向标，或者在茫茫大海上忽然见到一座发光的灯塔，一下子找到了方向。

抒情的一大关键是：忠于自己的内心，不是为了抒情而抒情。反观当下许多孩子尤其初中生的抒情，都不是一种恰当的抒情，而是一种过度的、泛滥的抒情，让自己脑海中翻飞的思绪，在没有经过严密组织的情况下散漫地呈现出来，美其名曰：散文。

在这样的"散文"当中，我们见到的都是作者洋洋洒

第18课　抒发感情要真实、适度

洒的情绪，有的看起来写得非常生动，富有文采。然而仔细推敲，不难发现很多内容是一种无病呻吟。文章可以反映作者的思绪，比如某些随笔就是作者心灵深处的思绪的有机组合，但这样的文章具有虚实结合的根底。如果一味地"虚"而不"实"，而且追求华丽的语言艺术，很容易走上一条写作的歪路。

第 19 课
修辞需要用出新意

在介绍修辞本身之外,我们再综合地来看,如何在日常写作中更好地运用它们。

一、比拟

比拟,就是指在人和物之间建立联系,把人当作物来写,或者把物当作人来写,也可以把A事物当作B事物来写的一种修辞手法。比拟能令一些抽象的事物具象化,把没有生命的东西人格化,有利于作者表达鲜明的思想感情,让文章更有感染力。比拟是一个大的概念,它可以分为两种:拟人和拟物。

通过上面的定义就能知道:当我们把事物人格化的时候,就是拟人的手法。比如,让小草和人一样会呼吸、有思

第19课 修辞需要用出新意

想。各种寓言、童话故事中的动物和我们人类一样,能思考、有感情,其实用的就是拟人的手法。又比如我们看的动画片《熊出没》中的熊大、熊二就是人格化的熊,它们经常对光头强高喊一声:"保护森林,熊熊有责!"这就是拟人的修辞。

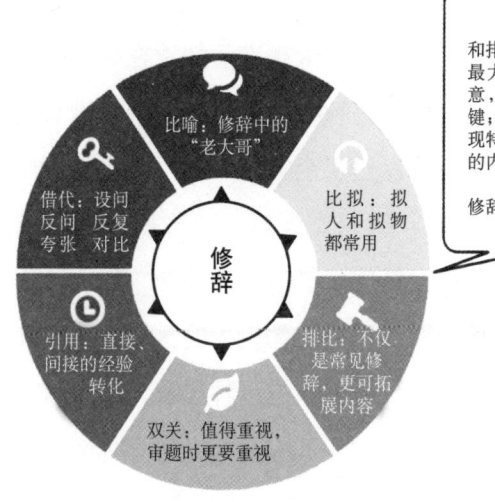

修辞环形图：
- 比喻：修辞中的"老大哥"
- 比拟：拟人和拟物都常用
- 排比：不仅是常见修辞,更可拓展内容
- 双关：值得重视,审题时更要重视
- 引用：直接、间接的经验转化
- 借代：设问 反问 反复 夸张 对比

对青少年而言,比喻、比拟和排比这"三比"对写作的价值最大。比喻可以让文章写出新意,也是联想和拓展内容的关键;比拟能将不同主体互换,实现特殊意味;排比可以扩张文章的内容,这显而易见。
当然对文章本身而言,各种修辞都是好的。

各种修辞的地位不同:比喻、比拟、排比最常用,但关键在于写出新意

著名作家莫言在《酒国》中写酒的时候有这样一句话:"酒的品格是放荡不羁,酒的性情是信口开河。"要知道,只有人才能有这样的性情和品格。但经过作家这样的写作方法,一个人喝酒之后所暴露出的那种品行和性格,就写出来了。不必写人,借助写人格化的酒的品格和性情,显得

141

比较含蓄。

在我们学过的《乡下人家》一文当中，作者说："几场春雨过后，到那里走走，常常会看见许多新鲜的笋，成群地从土里探出头来。"我们知道，雨后的春笋生长得很快，作者这句话形象地写出了雨后春笋生长的精彩画面，尤其是一个"探"字，突出表达了这种长势。

青少年在写景状物类文章中，常常采用拟人手法，显得生动形象。比如写秋天时："秋天是美丽的，在曼妙的韵律中舞着她的裙摆。"这就是将秋天人格化。如果你沿着人格化道路继续前行，完全可以运用全文拟人的手段，从而令内容得到拓展。比如在六年级语文课本（人教版）的文章《山中访友》中，作者就大量使用了拟人的手法，如："你好！陡峭的悬崖！深深的峡谷衬托着你挺拔的身躯，你高高的额头上仿佛刻满了智慧。"作者通过这种想象，悬崖似乎成了一个智者，也可以看出，好的想象可以使景物栩栩如生、灵气飞扬。类似的还有《延安颂》中的句子："啊！延安！你这庄严雄伟的古城，热血在你的胸中奔腾。"这也是人格化的拟人句子。而在一篇满分作文《心的纽带，必将永恒》中，作者说："随着社会发展，也许人们早已习惯了QQ与电子邮件的方便快捷，早已将耗时费力的书信遗忘在角落。曾经承载无数人情感的书信，只好在这纷繁世界的角落中暗自哭泣。"你看，哭泣的书信也被赋予了人格的写

第19课 修辞需要用出新意

法,显得形象、生动,在科技改变世界的过程中,我们无情地抛弃了传统的飞鸿传书啊!

除了拟人,第二种比拟叫作拟物,这是相反的手法,不是把物人格化,而是把人物化、物质化。想一想,当我们把一个人物化的时候,往往带着一种强烈的感情色彩。比如鲁迅先生在和人打笔仗的过程中,就善于将人——自然是值得贬低的人贬低成物,比如他在《忽然想到》的一篇文章中说:"而几个在男尊女卑的社会上生长的男人们,此时却在异性的饭碗化身的面前摇尾,简直牛羊而不如。"你看,鲁迅先生写得多狠啊!说这样的男人们在摇尾巴,这是一种典型的拟物手法,体现出作者强烈的感情色彩。

鲁迅先生在《故乡》一文中说:"我到了自家的房外,我的母亲早已迎出来了,接着便飞出了八岁的侄儿宏儿。"而在小说《在酒楼上》,作者说:"我在少年时代,看见了蜂子或蝇子停在一个地方,给什么来一吓,即刻飞去了,但是飞了一个小圈子,便又回来停在原地点,便以为这实在可笑,也可怜。可不料现在我自己飞回来了,不过绕了一点小圈子。又不料你也飞回来了,你不能飞得远一些吗?"这是作者写小说的主人公吕纬甫的心理过程,吕先生对人生的不满、对自己的一种贬低,也是心情的无可奈何啊!

老舍先生在剧本《龙须沟》中也有这样的句子,如:

"咱老实，才有恶霸，咱们敢动刀，恶霸就得夹着尾巴跑。"你看把恶霸进行了物化的贬低，体现出强烈的思想感情。

当然在拟物的过程中，不一定都是把人物化，也可以把A物当作B物来写，比如杨朔在《金字塔月夜》一文当中，写了这样一句话："月亮一露面，漫天的星星惊散了。"写星星被月亮惊散了，也是拟物的手法。

当然在写作的使用过程中，更多的是把抽象的概念、事物等具象化，比如我们常说的理想很丰满、现实很骨感。理想和现实都是很抽象的概念，然而用丰满和骨感来写，一下子形象了很多，抽象的概念不再抽象，令人印象深刻。

二、比喻

比喻是同学们掌握得最熟练、运用得最多的一种修辞手法。不夸张地说，比喻堪称所有修辞格当中的"老大哥"。比喻就是我们常说的打比方，在说明文当中就有一种说明方法叫作打比方，其实是一样的。而在其他文章当中，叫作比喻、譬喻等。

比喻是怎么产生的呢？这跟人在创作过程中的联想是分不开的。当你把两种或两种以上的事物之间的相似点找到

第 19 课　修辞需要用出新意

了，用其中的一个来展示、描绘相关事物的时候，比喻就诞生了。比如《山中访友》中的句子："啊，老桥，你如一位德高望重的老人。"这个比喻句，不但写出了桥的古老，还突出了它默默无闻为大众服务的一种品质，体现出作者对老桥的赞美之情。

而《全神贯注》一文记叙的是法国大雕塑家罗丹邀请奥地利作家茨威格到家中做客，自己却如醉如痴地投入工作的事情。作者说："只见罗丹一会上前，一会后退，嘴里叽里咕噜的，好像在跟谁说悄悄话，忽然眼睛里闪现出异样的光，似乎在跟谁激烈的争吵。"又说："他像喝醉了酒一样，整个世界对他来讲好像已经消失了。"这样的比喻写出了罗丹修改自己作品时的情绪变化，以及投入工作时的那种如醉如痴的状态，好像完全忘记了周围的一切一样。

可见，如果我们在自己的文章当中使用精彩比喻的话，不仅能很好地拓展内容，避免语言的干瘪等现象，而且还可以高度形象地表达思想感情。常见的比喻种类有三种，即明喻、暗喻和借喻。

所谓明喻，就是清楚地告诉读者，这是在打比方。在本体和喻体之间常常有十分明显的比喻词，如像、好像、好似、似的、有如、宛如、好像……一样，等等。比如鲁迅先生很有名的那句话："希望是本无所谓有、无所谓无的。这正如地上的路。其实地上本没有路，走的人多了，也便成了

145

路。"这里有鲜明的本体、喻体和比喻词。本体就是"希望",很抽象的一个词,喻体就是"地上的路",比喻词就是"正如"。

这样的明喻在古诗词中也有很多,比如:"问君能有几多愁,恰似一江春水向东流。"这里的"愁"就是本体,一种难以说清的惆怅、愁苦的情绪,像什么呢?东流的一江春水。写得非常形象,令人印象深刻,其中的"恰似"就是鲜明的比喻词。

大家想想,既然比喻有明喻,就一定有暗喻,两者是一对。有明有暗,这才可以。但这个"暗"不是暗自提示的意思,是一种隐藏起来的比喻。我们可以这样理解:暗喻是不把比喻当作比喻,而是当成一种事实。所以不会出现"像什么一样",而是"是、成了",好像真的是一种事实。比如,杨朔在《茶花赋》当中说:"这是梅花,有红梅、白梅、绿梅,还有朱砂梅,一树一树的,每一树梅花都是一首诗。"你看作者这样的表达:他说每一树梅花都是一首诗。这是事实吗?当然不是,这是比喻,是一种典型的暗喻。所以在暗喻当中,常常用"是"来连接本体和喻体,造成一种真的事实的意味。再比如我们经常听到的一句话:"我爱你北京——祖国的心脏。"你看,北京被比喻成了祖国的心脏。这也是暗喻。好像事实真的是这样啊!再比如:黄河是中国文明的摇篮;你是大海上的一盏明灯。再比如屠格涅夫

第19课　修辞需要用出新意

的小说《霍里和卡里内奇》中的句子："胡子算什么啊，胡子是把草，是可以割的。"这里也用了暗喻，把胡子比作草。又说："他们都是些饭桶。"这也是暗喻。

暗喻当中有一种常见的类型，叫作并列对举的方式，比如"长江后浪推前浪，一代更比一代强"。这里用的是暗喻。"海水不可斗量，人不可貌相"，这也是并列对举构成的一种暗喻。探究起来，这属于对暗喻类型的一种归纳，从句子结构的角度去看而归纳出来的。

第三种叫作借喻。在借喻当中本体"隐身"了，不见了，只有喻体出现，就像一个人的影子一样，人不见了，但影子还在。这是用喻体直接代替其本体。所以在具体的语言中，本体是什么，往往需要我们推测一下，结合语境去看一下才行。这样的写法首先可以让语言更加简练、含蓄，比如苏轼的千古名言："惊涛拍岸，卷起千堆雪。"这里的雪就是喻体。如果苏轼先生说："惊涛拍岸，卷起千堆雪似的白浪。"这样就出笑话了。

鲁迅先生在《故乡》当中说："我似乎打了一个寒噤；我就知道，我们之间已经隔了一层厚障壁了。我也说不出话。"这里的"厚障壁"就是喻体，本体是两人之间的关系。

三、借代

借代也叫作换名，不直接去说一个本体，不直接说某个事物或人，而是找一个名称代替它出现在句子当中，但所寻找的代称和本体之间有很强的相关性。请注意这一点：代称和本体之间是相关性而非相似性。相似的话就成了比喻，比喻的核心是不同质的两个事物之间的相似，部分相似就可以。但借代不是相似，是相关。比如，叶圣陶《多收了三五斗》中的句子："先生，给现洋钱，袁世凯，不行吗？"这里的"袁世凯"就是借代现大洋的意思，你看"袁世凯"和"现大洋"之间没有相似性，但很相关，上面印的是袁大头是吧，这是相关。有相关性才能使用借代。

其实，我们在日常对话中，经常采用借代手法，比如你到商场去买一部手机，商家会问你："要买什么手机？"你可能说"想看一看小米"。这里的"小米"就是小米牌手机的借代。你旁边有人说："给我来一部苹果。"这里的"苹果"也是借代苹果牌手机。这种借代的类型叫作以品牌代替本体，很常见。

第二种借代类型是以整体的一部分代替整体。比如李白有一句诗："两岸青山相对出，孤帆一片日边来。"诗句中的"孤帆"，就是借代的手法，是以帆代替船只的整体，以部分代替整体的手法。

第三种借代是以具体代抽象。用具体的事物，代替一些抽象的东西。比如我们在网络上经常见到对一个人言论的评价，或者给鲜花，或者扔臭鸡蛋。"鲜花"和"臭鸡蛋"就是借代的手法，是对褒贬的一种表达，褒奖和贬低都是抽象的词汇，而如果说："对某人的言论我扔了好几个臭鸡蛋！"这就是形象化的一种表达，透过借代来完成的。再比如，刘白羽在《红太阳颂》中的一句话："人民浴血奋战赢得的胜利，又将为血泊所淹没。"这个句子中的"血泊"是以形象化的词汇代指抽象的残酷的战争。

第四种借代是以特征或标志来完成的借代。这个在同学们的作文当中十分常见，尤其是给同学起外号，也就是代号，比如把某个同学叫作"碎嘴"——话特别多的同学。或者在路上见到了一个长胡子的人，在文中用"长胡子"来指这个人，就是一种借代。这些借代是以明显的特征来完成的。

四、设问和反问

这两种其实可以算作一种。在王希杰老师主编的《汉语修辞学》当中，这两种统一叫作"问语"。为什么要问啊？不管是反问还是设问，都是无疑而问，不需要读者回答。这是和日常的疑问句不一样的地方。疑问是需要你作答的。比如，老师问："昨天布置的作文写完了没有？有没写完的吗？"这样的句子叫作疑问句，这是需要大家回答的。

设问是自问自答，比如：好作文是怎样来的？好作文是改出来的。这就是设问，自问自答。发问者当然知道好作文是怎样来的，这样的设问修辞可以起到一种强化的作用，通过语气的加强引起读者的注意。有的学生在作文当中就是用设问来开头的。设问是文章开头的一种不错的办法。比如："什么是方？地就是方，纵横经纬，托举万物，给人无尽的动力和进退的准则。什么是圆？天就是圆，覆盖八荒，包容宇宙，给人以一片烂漫的遐想和冷峻的哲思。"这是一篇高考作文的开头，叫作《人生方圆观》。

设问也有问而不答的，比如诗人王建的一句诗："今夜月明人尽望，不知秋思落谁家？"

反问相对简单，是一种只问不答，答案就在问句当中的修辞手法。比如"难道我们这样都学不好作文吗？"意思是我们当然可以学好作文。这样可以增强语气、强化感情、给读者的印象更加鲜明。

五、反复

　　反复是为了加强语义的重点，加强语气和感情，加深读者的印象，造成一种特别的情调，重复相同的成分，如词、句、段。所以我们可以简单理解成：你用反复出现的词语连缀成不同的具体内容，以突出思想感情，但反复的侧重点就在反复词上。比如鲁迅先生说的话："沉默呵，沉默呵，不在沉默中爆发，就在沉默中灭亡。"反复出现的"沉默"，这种就是反复的修辞格，能集中地体现作者强烈的思想感情，表达对当时段祺瑞执政的一种控诉。

　　而在朱自清的《春》一文当中，作者说："盼望着，盼望着，东风来了，春天的脚步近了。"这里的"盼望"便是一种反复的修辞，体现出作者和人们对春天到来的企盼之情。

　　沙宝亮的《青春日记》的歌词中有这样的句子："还有我的年少轻狂/青春的日记应该充满阳光/照亮了每一页年轻的时光/积蓄温暖积蓄力量/因为我和我的梦正奔跑在路上/来不及叹息来不及思量来不及回头望。"这里的"积蓄温暖、积蓄力量"就是反复，"来不及叹息来不及思量来不及回头望"也是反复。

　　值得一提的是，我们日常说的一篇作文的首尾呼应，如果首尾重复使用某些词或句子，那么这种方式也算是一种反复的修辞手法，属于一种首尾反复的现象。这一点大家需要牢记。与此同时，有同学表示：说这个反复看起来好像和排比差不多，其实两者有本质的不同。反复的侧重点在反复出现的词本身，比如前面列举的沙宝亮的歌词中：第一个反复是"积蓄"，第二个反复是"来不及"，他要表达的不是力量和温暖，不是叹息、思量和回头望，而是来不及。排比则不一样。排比侧重的不是反复出现的词，而是不相同的那个部分。我个人的理解是：反复侧重的是对感情的反复表达；排比是对内容的一个集中书写。

六、排比

排比非常常见，是青少年在写作中较熟悉和运用广泛的一种修辞。所谓排比，是把结构相同、语意相关、语气一致的三个或者三个以上的词组、句子或段落成串地排列的一种修辞格。

比如，叶圣陶在《记金华的双龙洞》中有一句："一路迎着溪流，随着山势，溪流时而宽、时而窄、时而缓、时而急，溪流声也变换着调子。""时而、时而"就是排比。这个叫作词组的排比，造成排比的关键是以四个"时而"来完成的。

另外就是句子的排比。比如在一篇考场作文当中，一名作者说:"我像风中的一粒种子。身边没有了熟悉的土壤,没有了知根知底的朋友,没有了心灵的抚慰,差一点潸然泪下。"这里的排比是靠句子完成的。

有了词的排比、句子的排比,自然就有了段落的排比。在很多考场作文当中,考生十分聪明,文内以排比段的方式来扩展内容,一下子可以写出很多的内容,造成一种文字"自我繁殖"的效果,在内容扩展方面十分有效。比如这样的段落:

"如果说人生是一首优美的乐曲,那么痛苦则是一个不可缺少的音符。如果说人生是一望无际的大海,那么挫折则是其中一朵骤然翻起的浪花。如果说人生是湛蓝的天空,那么失意则是天际的一朵飘浮的白云。"

这样的段落排比给人的感觉十分优美,且富有气势,可以集中表达你的思想感情。阵势很强大,就像在阅兵过程中陆续走过的方队一样,给人的震撼非常强。

七、夸张

夸张是一种言过其实,以强调所写对象、突出所写对象的一种修辞格。从语言的表达看,是一种让所写对象变形的手法。

夸张首先是夸大,这好像是人的一种本能似的。比如,"天上下起了拳头般大小的雹子",或者:"我们高兴得一蹦三尺高啊!"或者如李白的诗:"蜀道之难,难于上青天。"这些都是一种夸大。

既然有夸大,就有缩小。比如:"巴掌大的地方还能搞什么聚会?"这是一种缩小,把一个地方说成了巴掌大小。

八、对偶

对偶也叫作对仗,我们常说对仗工整,说的就是对偶的一个特点,这个特点主要是形式上的。就是把字数相等、结构相同或相似、意义相关或相对的短语、句子等对称排列的一种手法。俗称什么呢?就是对子。比如"黑发不知勤学早,白首方悔读书迟",上下两句都是相对的,再比如"过五关、斩六将""亲贤臣、远小人",或者"鸟宿池边树,僧敲月下门",类似的都是。有些对偶同时也是对比,对比重内容,对偶重形式。比如上面的"亲贤臣、远小人",这也是一种对比。

修辞不是先于语言而存在的,是跟语言同步产生的,丰富的修辞格滞后于语言的发展,是从各种汉语表达当中总结出来的。修辞的种类很多，大概有两百多种，但常见、常用的不过几十种。

九、引用

这一修辞手法在同学们的作文当中实在太普遍了。通过引入其他现成的材料，如格言、警句、诗句等来为自己的作文主题服务，就是引用。比如在《把握现在，珍惜当下》这样的满分作文中，作者写道："'一寸光阴一寸金，寸金难买寸光阴。''黑发不知勤学早，白首方悔读书迟。'无数生动的实例表明：只有把握现在，珍惜当下，才能创造出价值来。"

以上直接加上了引号的引用称为明引。既有明引，必有暗引。如果是暗引的话，就是将所引用的话直接融入你的语言当中，比如"不在沉默中爆发，就在沉默中死亡，报复的机会终于来了"。这种看似是作者写的，其实他引用了鲁迅先生的话。再如杨绛写的《老王》一文当中："北京解放后，蹬三轮的都组织起来，那时候他'脑袋慢''没绕过来''晚了一步'，就'进不去了'。"这里的"脑袋慢""没绕过来""晚了一步""进不去了"，都加了引号，其实都是引用的老王本人的原话，但作者把它们融合成一句话来表达。这样写的好处很明显——简洁。否则用第三人称引来引去很麻烦，不如糅成一句话。

十、双关

双关主要是借用语音或语义的联系，而呈现出一种带有双重含义的表达色彩，当然是在特定的语境之下。比如古诗里的千古名句："春蚕到死丝方尽，蜡炬成灰泪始干。"这里的"丝"就是双关，既是春蚕的丝，又是思念的思，作者写的是对人的思念。

有许多民间的俗语、谚语，都用了双关，比如"外甥打灯笼——照旧"。这就是双关，谐音双关。或者"你做梦变蝴蝶——想入非非"，这里的"非非"是非常的非，其实与飞舞的"飞"是双关。双关作为一种修辞，就像作者在文中设置的一种暗号、哑谜一样，需要读者猜想。所以对读者而言，需要有看透文本、读懂内容的意识。这一点大家要格外注意。

在考场作文审题的时候，我们须格外留意题目、材料中的双关用语，你的双关意识一定要强。比如，2017年上海的中考作文题是《就这样，埋下一颗种子》。你一定要注意，这里的"种子"便是双关，你如果从生物学的角度写种

第19课　修辞需要用出新意

子,比如玉米种子、大豆种子,就难以写出好文章来,这里的种子有比喻义、引申义、象征义诸种,如善良也是一颗种子,坚强也是一颗种子,传统文化也是一颗种子,扩展开来,什么不是种子呢?当你读懂了这一点,我们写作的思路一下就打开了。

有同学表示:"既然修辞用法这么好,我在家里有事没事就写点修辞句呗!"想法很美好,但真正落实起来,你会发现很难坚持。多少人坚持写日记了?没多少。历史上坚持写日记的名人也不多,比如曾国藩、蒋介石、鲁迅等,但我们普通人哪有那么多事情可以记录?所以写日记难以坚持,坚持写修辞句子也不容易。不过如果你有自己的微博、微信等,想发点东西,是可以练习用修辞手法写写句子的。

我想说,修辞的运用不是日常训练一下就可以的,它需要你在行文当中,很自然地意识到修辞的使用时机。比如我批改过一篇学生作文,文章结束前的一句话是:"这道题的付出不过是让失败来得晚一点。"这段就结束了。他的意思是遇到不会的题目别较劲了,反正也不会,干脆先答其他的。于是我在批改中说:"如果你的语感很强的话,写到这里时最好开启一段排比。"后来他是这样修改的:"这道题的付出不过是让失败来得晚一点,不过是让心中的侥幸留存得久一点,不过是在慰藉心中的一点点不甘。"这样一排比,不仅内容得到了扩充,作者的思想也显得更加深邃。这不是简单的语言问题，而是一种写作意识。我们经常见到孩子的作文语言干瘪、苍白，怎么解决呢？

解决语言上的苍白、干瘪有两种方式，一是从语言入手，采用今天所说的排比、比喻等修辞，另外就是要解决作文思维的问题，打开思路放手去写。你要知道，支配写作的不是语言，只是语言容易被看到。就像我们看一辆汽车在高速公路上飞一般地行驶，我们能看到车轮在飞快地旋转。但你要知道：导致汽车车轮滚滚向前的是发动机，如果没有发动机，轮胎也就会停滞不前，而时间久了轮胎缺气了，自然就十分干瘪了。是吧？

再举一个青少年写作中的实例。

一个小学生写的是一条叫作虎皮的大鱼新朋友来到了鱼缸当中，这样一来其他的鱼赶紧退避，躲起来了。作者通过其他的鱼，如孔雀鱼、红箭鱼等几种鱼来衬托，其中孔雀鱼躲到了"大树"底下。他写到这里就结束了。我的批改意见是写到这里时不要停笔，要开始发挥联想而采用一些修辞手法。比如，可以把上面的描写修改为："孔雀鱼躲到了大树底下，它在偷偷观望，好像潜伏在角落里的侦探一样，在等待着敌情的变化。"当你写到某处时，既然有比较，也有观察，何不引入你的联想，用上比喻、拟人等修辞手法呢？这样一来，整个内容就扩展开来，丰富了许多。

最后，说到修辞在作文中的运用，从语言的角度看，

第19课　修辞需要用出新意

我们几乎就是在运用各种修辞写作文。要知道，修辞不是后人创造出来，再放入语言当中的，修辞是伴随语言本身而存在的。汉语修辞有几百种之多，常见的有几十种，中小学阶段要学习的大概有十几种。

其实很多时候，我们使用了修辞而不觉。有的同学开篇就使用排比大发感慨，这很好。再如有同学在作文的开篇就用上一个精彩的比喻，显得生动；也有人采用引用开篇，这就是使用引用修辞；更有同学开篇便设问，尤其在一些议论文当中，修辞是符合人的表达思维的。如果我们能稍加训练，关键是写出原创的修辞句子，不要总是抄袭别人的。使用各种修辞的关键是写出有新意的句子。要想在修辞方面有一定造诣，令自己的语言有新意，除了把新奇的联想换成个性化的语言之外，就是经年的累积之效，别无他法。当你在文章当中可以熟练运用时，便可谓达到一种极高的境界。

要想达到这种灵活运用的境界，必须长年训练才行。

第 20 课
用长短句打造节奏感

句子的长短对写作效果有影响吗?难道句子的构成、语言的表达不是自然而然的吗?

句子的长短对整体的表达而言,自然是有一定的影响的。后一个问题则很难讲,我们很难说作者的表达都是自然而然的。要做到具体把握、灵活运用,其间的学问并不简单。许多时候,我们看起来非常自然的句子,其实都是经过反复加工、锤炼的,当长则长,当短则短。王小波先生对法国女作家杜拉斯的小说十分推崇,曾经细致阅读了她的代表作《情人》。王小波说,她的句子改到不能再改,每一句都有十分严密的安排(大意)。可见,作家写作并非全凭语言表达的自然流淌,一切都是有意为之,甚至一切都是蓄意的!

所以,青少年在写作当中须牢记一点:所谓的谋篇布局就是这种有意为之和蓄意的一种;所谓的精心酝酿也是如

第 20 课　用长短句打造节奏感

此。包括语言表达在内,好的作品都是精心打磨而成的,体现在句子当中也是明显的,一大标准便是上面所说的"当长则长,当短则短"。这是写作当中的"非自然选择"——是一种精心打磨,令长短句互相配合,各司其职,从而打磨出富有阅读节奏感的好文章。

青少年在习作中经常出现的一个问题是,偶尔出现令人窒息的极长句,如"在春风的吹拂下杨柳吐出的嫩嫩、绿绿的新芽让我感到无限的欢喜"。我们既可以说作者的这个句子有一定的语病,也可以说作者的句子过长,造成了一种令人无法呼吸的效果。我们可以修改成:"在春风的吹拂下,杨柳吐出了新芽,嫩嫩的、绿绿的,令人感到无限的欢喜。"这里对长句子的"分拆"一方面解决了语病问题,一方面又把长句子改简短了,从而显得更加自然。

如果我们读过朱自清先生的《春》一文,我们对其中简短的句子一定印象深刻。如"山朗润起来了,水涨起来了,太阳的脸红起来了""红的像火,粉的像霞,白的像雪",等等,作者以简短的句子勾勒春天的景致,不仅语言简洁,而且写出了面对春天的欣喜之感。作者不是在论证春天的到来,而是对春天的来临感到欢喜,故而在语言上给人的感觉也是充满生气的。这是短句造成的一种语言效果。

聪明的青少年会注意到一点:当我们去刻画自然景致,用描写这种手法的时候,似乎运用短句更加适合。比如萧红在《呼兰河传》当中对自家的后花园的刻画："祖父栽花，我就栽花；祖父拔草，我就拔草……黄瓜愿意开一朵花，就开一朵花，愿意结一个瓜，就结一个瓜。"类似这样的短句子，给人造成的印象是简洁的、明快的，读起来是轻松的、不滞重的。这种短句是一种单句意义上的句子，句子结构常常很简单。除了许多青少年的习作中会用这种句子，作家笔下偶尔也会出现。简短的句子着力点不深，表达的内涵单一，尤其在刻画人的肖像、物的品相、景的韵致时才出现，令读者的注意力分布、停留在这样的文字上，令人从多个角度去欣赏人与物。

随着年纪的增长，青少年在写作中不甘于只写这种短句子，总会在不知不觉当中把句子"拉长"。这种延长常常是从增加关联词、形容词等开始的。比如在上面的例子中，朱自清先生对山、水和太阳的描写，是以三个单句来完成的，如果放在一般的青少年作文中，同样写山、水和太阳，他可能写成："周围的群山变得朗润起来了，而四方的江水涨起来了，同时太阳的脸也红起来了。"如果是青少年来刻画萧红笔下的后花园，可能变成了："每当我的爷爷栽花的时候，我也选择栽花；每当爷爷拔草的时候，我也跟着拔草……如果黄瓜想要开上一朵美丽的鲜花，那么就开一朵美丽的鲜花，迎风招展；如果黄瓜秧愿意结上一个果，那么就会在秋天时节结出累累的硕果。"——你看，上面的修改令

第20课 用长短句打造节奏感

简洁的文字复杂化了,啰唆了不少,这时的长句子反而造成一种语言上的浪费——啰唆便是浪费。我们可以通过这样的案例了解使用短句子的好处。

然而,在很多时候是需要使用长句子的,这就需要我们以严密的逻辑来保证长句在结构上是完整的、无懈可击的。长句子因结构复杂,本身就给人一种严谨的感觉;在重视逻辑严谨的议论文当中,常常是长句子的组合,比如有一篇以环保为主题的初中作文,作者写道:"人类把文明的进程一直停留在对自然的征服上,却从来不想到对哺育人类的地球给予保护和回馈,我们人类在取得辉煌的文明成果的同时,对自然的掠夺却使得我们生存的地球满目疮痍。"

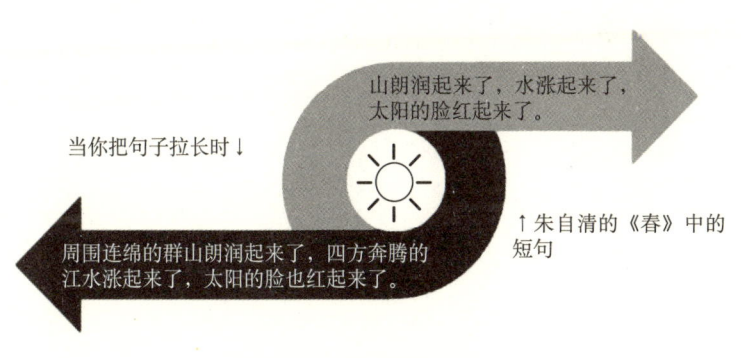

当你把句子拉长时↓

山朗润起来了,水涨起来了,太阳的脸红起来了。

↑朱自清的《春》中的短句

周围连绵的群山朗润起来了,四方奔腾的江水涨起来了,太阳的脸也红起来了。

拉长句子、简短句子的小案例

如果是小学生来表达同样的意思,他的逻辑思维还不很强大,可能会表述成:"人类总想着征服大自然,却不想回馈自然。在人们得到文明成果时,却让整个地球伤痕累累。"仔细比较两者的内在差异,我想:至少长句子造成的逻辑给人更严谨的意味。

其实,使用长句子还是短句子,恰如上面所说:当长则长,当短则短。在一篇文章当中,如果能将长句子和短句子结合起来,就能很好地把握全文的节奏感,这是值得我们深思和实践的。

第21课
对话不是加引号那么简单

在习作的各个环节中，对话时常被认为是最简单且无奥秘可言。其实未必。你看看海明威的《老人与海》，再经过一番细致的思考便能明白：对话当中是可以隐藏着深刻玄机的。当然，这是对较为高明的、蓄意设计的对话而言。

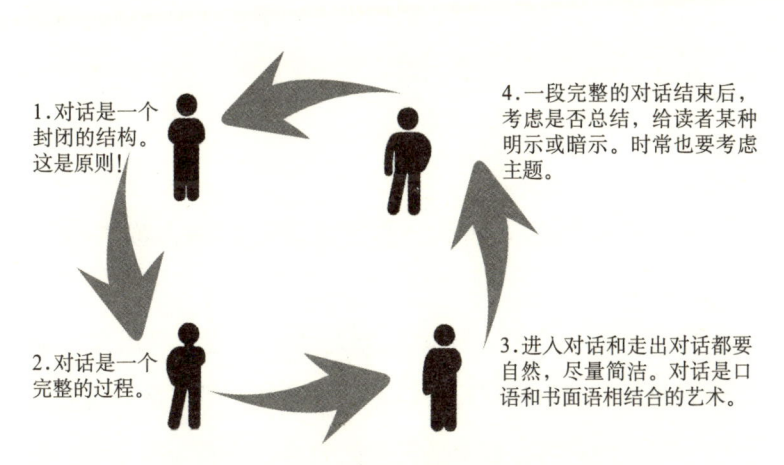

1. 对话是一个封闭的结构。这是原则！

2. 对话是一个完整的过程。

3. 进入对话和走出对话都要自然，尽量简洁。对话是口语和书面语相结合的艺术。

4. 一段完整的对话结束后，考虑是否总结，给读者某种明示或暗示。时常也要考虑主题。

对话不简单，并不是对生活的照搬，需要作者当"导演"

普通的对话中，能给读者多少信息？有的文章对话只是表面信息，并无其他的意味可言，这样的对话只是故事向前发展的基本需要；但高明的对话在推动故事向前发展的同时，还能提供更丰富的意味，好的对话能展示出人物的性格，体现作者的特殊用意。我发现对青少年写作而言，文中出现对话似乎常常只为了增加文中场景、让作文看起来有现场感，或者干脆抱着一个简单的想法：人物在对话中可以更快换行，从而尽早结束全文，减少字数。其实，如果我们稍加研究，便能令文章中的对话承载更多东西。

对话有两种，一种是两人以上的对话，二是独白——独白是一种自我对话，自己和自己说话的意思。多人对话是对事实的一种回顾，以重塑真实的场景，向读者传递当时的信息；独白则常常是一种心灵的诉说，是作者经过自我的言说、阐述等向读者输出真实的心声。

一、精彩的多人对话，要能体现鲜明的人物性格

对话看起来容易，不就是把说话人的话语写出来，加上他们的名字和引号吗？表面看是这样的，但这是形式意义上的。精彩的对白必须考虑其对话的内容价值，其对话的整体过程对整篇文章的主题是服务性的，这是基本前提。我在

第21课　对话不是加引号那么简单

这里强调的是，精彩的对话要能体现出人物之间鲜明的性格特点。

在《围城》当中，钱锺书对人物的刻画是极为深刻的，尤其作品中的对话值得我们深思。比如，方鸿渐和赵辛楣在刚认识不久的时候，两人充满了敌意，尤其是赵辛楣，他的话语是主动出击，刺激和讽刺方鸿渐，他说："从我们干实际工作的人的眼光看来，学哲学跟什么都不学没两样。"这样的话语是很伤人的，方鸿渐反驳说："那么得赶快找个眼科医生，把眼光验一下；会这样看东西的眼睛，一定有毛病。"赵辛楣的嘴巴是很刁的，方鸿渐则常常能轻松地化解，两人之间的你来我往就是在这种对话当中完成的。在这样并不复杂的对话当中，人物的性格底色显露无遗。

二、对话的同步处理

对话在体现当事人性格、思想的时候，作为一个作者，常常不能刻板地写出来，有时需要同步做一点"刻画"的工作。在我们写作文时，如果要勾勒A和B之间完整的对话过程，我们常常会用下面的闭合结构：

A问："你昨天的作文写完了吗？"

"是的。"B回答道。

一问一答是最基本的对话过程，但在保证问答完整的同时，我们可以对A和B说话时的神态、举止以及丰富的表情等做一番勾勒，比如将上面的对话改写成：

A的脸上露出一丝不易察觉的不安，他小心翼翼地问："你昨天的作文写完了吗？"

"当然！"B自信地答道。

这样一来，A和B的内心甚至是性格便在这样的问答之中展露出来，A的表现体现出他谨慎乃至怯懦的一面，而B则自信满满，也许随着故事的发展，B的回答当中也有自负的方面，这需要结合其他方面的内容来察看。

所以在《围城》当中，赵辛楣和方鸿渐两人斗口时，作者的任务不仅是记录两个人的对话本身，还需要把观察到的场景刻画出来，从而令读者更清楚对话者的内在心理，对整个对话场景有一个清晰的认识。

三、对对话本身的再处理，需要简洁明了的效果

作文毕竟是书面语言构成的，其中的对话却常常是口语的，故而全文中允许出现一定的口语规模，甚至是大段的口语内容。但对作者而言，选入文章的口语和现场的口语往往还不是一成不变的。对小说创作而言，明智的作者已经在

第21课 对话不是加引号那么简单

创作过程中有效回避了大段可能出现的啰唆语言,试图去制造一个令人信服的谈话现场。

对青少年写作而言,时常处理的对话往往不是自己虚构的,而是从现实的生活中采撷而来,它们生动地回响在作者的脑海中,两个人或几个人你一言我一语的场景往往很真实,在写作时脑海中甚至一时间会出现现场的嘈杂感。我们在把一番有意义的对话写入文章时,需要经过一定的裁剪。对那些重复的、啰唆的、不文明的话语需要剔除,从而更简洁地出现在我们的文章中。从这个意义上看,我们文章当中的对话,绝不是对现场嘈杂的话语的照搬。

四. 进入对话和走出对话

对话常常是文章的一部分构成,很少见全文都是对话构成,除非是在剧本当中。但即使那样,也需要作者塑造良好的场景,从而有外围的语言表达。在作文当中,对话前后往往有其他的内容。那么,如何进入对话和走出对话?在进入对话和走出对话时,需要注意什么呢?

(1)进入和走出对话尽量要自然,这是上下衔接的艺术。我们不能生硬地进入对话场景,也不要让对话的结束有被作者斩断的感觉。自然处理对话的上下构成,是令全文结构保持整体和谐的一个原则。

（2）考虑进入对话前是否需要一点铺垫？考虑走出对话后是否需要总结整个谈话的意义？直接总结还是用刻画环境的方式？当然，有的对话比较特别，比如出现在全文的开头部分的对话，运用得当，能给读者一种开天辟地的感觉——尤其是披露故事当中关键情节的、令人瞠目的、吐露重大信息、造成悬念的对话，能一下子吸引读者注意你的文章，从而有兴趣读下去。

（3）对话在文章当中的地位是值得思考的一件事。对话对记叙文而言是这样的一种存在，对话不过是用部分的对白还原某种现场，还原一旦结束，对话立刻结束，不需要作者把笔墨继续"浪费"在对话上面，而要赶快回到固有的叙述路径上来。这样说来，对话需要恰当的时间进入和出来。

五、对话的一大作用——推动故事向前发展

对话是推动故事向前发展的一种有效手段，对话中谈论的故事后续怎样了？对话中出现的人物怎样了？这些对整个故事的发展，即使是普通的记叙文，也有很强的启示意义。而在《围城》当中，开篇不久，整条船还在海上的时候，带着孩子的孙太太和苏文纨在甲板上聊天，话题说到

了男人好赌，孙太太对自己的丈夫嗜好赌博很不满，然而无可奈何。她们的话题很快说到了方先生，苏小姐冷冷说道："方先生倒不赌。"但这话遭到孙太太的反驳，她说方先生也赌，只是这时正在追求鲍小姐，没时间。其实她们的对话为后文很快出现的方先生和鲍小姐在船上的一段故事做了铺垫，推动了故事向前发展。说"对话"推动了故事向前发展，其实人和事件的存续演变，是自然地出现在人的口中的。

六、独白

和对话相比，独白——和自己对话，倾诉内心的真实想法，是更应该引起高度重视的一种写作手法。因为它的运用更加灵活和灵动，不受塑造场景的限制，不需其他人的参与，只需要作者自主地施展其手法就可以，并且常常有很好的表达效果。

独白是作者的自我思考和自我倾诉——当然，对文学作品而言，不只作者可以这样做，作者也可以安排或借助作品中的人物来完成这种倾诉。从而生动地向读者传递作者和主要人物隐秘的、不为人知的内心世界，打通作者、文学人物和读者之间的沟通和关联，令读者更好地认识作品的意义。

在海明威的《老人与海》当中，老人独自在浩瀚的海洋中和大鱼搏斗，他能跟谁说话呢？能向谁寻求帮助呢？都不能。所以他常常会自言自语，他的生动的独白，向读者展示着他坚强的奋斗精神，包括在遭遇困境时的自我救助、方法的探寻等。其中揭示全书主旨的一段文字，也是通过这种独白的方式完成的：

"不过人不是为失败而生的，"他说，"一个人可以被毁灭，但不能被打败。"不过我很痛心，把这鱼给杀了，他想。现在倒霉的时刻要来了，可我连鱼叉也没有。这条登多索鲨是残忍、能干、强壮而聪明的。但是我比它更聪明。也许并不，他想。也许我仅仅是武器比它强。

作者以老人这样的独白完成了对全文主旨的揭示，在那样的环境当中，一个老人经历了一场厉害的搏斗过程，他胜利了，没有被打败。他的言语当中甚至有点神经兮兮的滋味，这是真实的。海明威这样处理独白，说明一个道理：独白是可以揭示文章主旨的。当然，这是它的一个特殊作用，不是唯一的。

（1）良好的独白深入人物心理，可以打通和读者之间的隔膜。在青少年写作当中，有时将独白作为一个独立的技

第 21 课 对话不是加引号那么简单

巧来训练,然而如果对人的内心体察不周,则容易陷入为了独白而独白的纯技巧训练当中。其实,我们要明白:一份独白往往是发自人物内心的,旨在打通和读者之间的隔膜。

(2)独白应有良好的逻辑性。独白虽然是人物心理的一种外显,不是由人的口说出来,而是经一种语言写出来的,但这种独白必须具有良好的逻辑支持。不能因为我们的心中常常涌现出各种思绪,这些思绪彼此之间关联很弱,但因其真实存在便一股脑儿地写出来——不顾逻辑的文字无疑是对读者的排斥。

(3)了解意识流的写作手法。作为青少年,我们对文学当中的"意识流"也许是陌生的,但在学写作的过程中,早一点接触意识流是好的。意识流是借助意识的流动架构全文,展示人物的内心想法、感觉以及思想,常常是以自由的联想来完成的。在经典意识流小说当中,作者甚至经常打破传统的时空叙事,在过去、现在和未来进行某种有价值、有意义的跳跃。我们也可以换一个角度来理解意识流,它其实就是小说作品当中的一种要素构成。传统的、古典的小说是依靠情节来完成整个故事的,比如中国的四大名著这种类型的传统古典文学,紧张而丰富的情节构成了整个故事的存续发展;再比如托尔斯泰的《复活》,故事以一条时间线向前发展,作者写的发生在三个地方的故事都是以情节推动完成的,这是古典作品的常见特征。而在现代文学发展过程中,意识、心理等可以不再依附于小说中的人物而独立存在，从而造就了伟大的意识流作品。

意识流小说的一个代表人物是弗吉尼亚·伍尔夫，她创作的第一部意识流小说叫作《墙上的斑点》，她盯着墙上的一个斑点，凭借自己意识的流动，而创作完成了一篇数千字的作品。

（4）话语的重塑。即使是自然涌动的独白，在我们写入作文的时候，最好力避一些常见的如"啊""呀""天哪"等词汇的使用，有时候是可以使用的，尤其是在配合塑造场景、体现人物惊奇的时候，但使用这种助词应当保持一种克制。我见过大量运用助词的记叙文，给读者的感觉并不理想。只有控制在一定范围内，不得不出现的时刻才去运用它们。

第 22 课
利用视点写变化

视点就是你观察、思考所站在的位置,这个位置与你观察、分析和思考的对象距离多远,这对你的叙述和分析有不同的效果。站在什么位置上去叙述?关于写作的视点问题,当然,视点不只是看,而是包括了看、听等在内的以距离的长短而给人造成的不同印象。当我们走得更近,看到和听到的又是另一种景况,往往更清晰,写出来的东西自然更细致,甚至是一种特写;而当距离很远时,我们看到的、听到的可能是另一种悠远、模糊的景况,也可以打动读者。

鲁迅先生在《社戏》中,就有因"视点"而产生的不同滋味,给人印象很深刻。十来个小伙伴撑船去看社戏的夜晚,作者说:"他们换了四回手,渐望见依稀的赵庄,而且似乎听到歌吹了,还有几点火。料想便是戏台,但或许也是渔火。"这是作者在船中依稀看到的情景,很多都是不确定的,所以作者用了"依稀、似乎听到、料想、或许"等不确定性的词汇，这些词汇准确表达了远距离时的感受。而随着船的前行，距离目的地赵庄更近时，才说："那火接近了，果然是渔火；我才记得先前望见的也不是赵庄。当大家把船停在离戏台相对较近的地方时，戏台上的一切看得便较为真切起来。"如："在停船的匆忙中，看见台上有一个黑的长胡子的背上插着四张旗，捏着长枪，和一群赤膊的人在打仗。"这些都是近距离的观察，是因为作者的"视点"发生了变化。

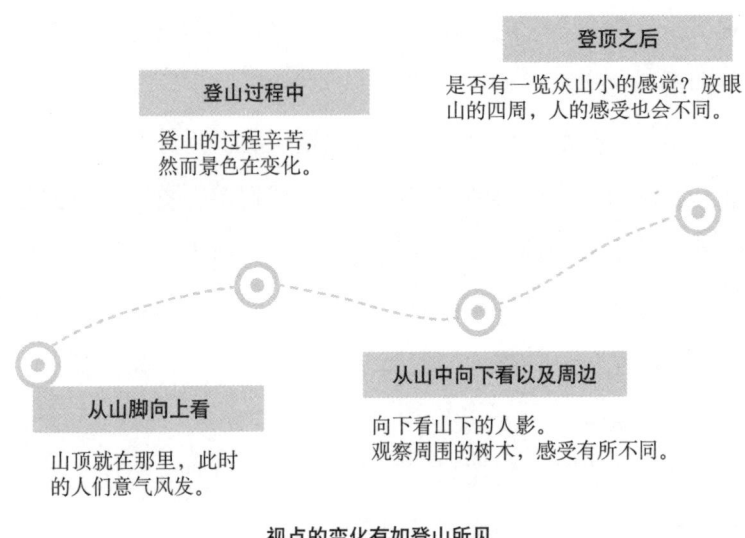

登顶之后
是否有一览众山小的感觉？放眼山的四周，人的感受也会不同。

登山过程中
登山的过程辛苦，然而景色在变化。

从山中向下看以及周边
向下看山下的人影。
观察周围的树木，感受有所不同。

从山脚向上看
山顶就在那里，此时的人们意气风发。

视点的变化有如登山所见

同样的道理在《桃花源记》中也有精彩的体现，作者说："忽逢桃花林，夹岸数百步，中无杂树，芳草鲜美，落

第22课　利用视点写变化

英缤纷，渔人甚异之。"这是大而观之，被眼前的景致所吸引、震撼。所以才有接下去的"复前行，欲穷其林"。作者的"复前行"便是将自己的"视点"向前推移，想象我们的手中拿着一款最新的DV，拍摄眼前的美景时的样子。而"林尽水源，便得一山，山有小口，仿佛若有光"。这是作家见到桃花源入口时，已经向桃花源进了一步。然后"便舍船，从口入。初极狭，才通人"。这是初步感受，继而"复行数十步，豁然开朗。土地平旷，屋舍俨然，有良田美池桑竹之属。阡陌交通，鸡犬相闻。其中往来种作，男女衣着，悉如外人。黄发垂髫，并怡然自乐"。作者进入桃花源是在"复行数十步"这样的推进当中实现的。读者看到了作家发现桃花源的全过程，而从写作"视点"的角度看，作者在步步推进——作家在写作时，是复原当时的发现过程，一步步通过视点的变化带领读者抵达桃花源。

　　可见，视点问题不是作家、作者刻意虚构的，而是随着作者观察脚步的变化而自然演变的结果。就像我们在下午两点约了人，一个从未见过的陌生人。在没见之前我们可能猜想他穿什么，整个人是什么样的状态，这是一种心理上的"观察"；随着约定时间的到来，对方如约出现了，这时我们对人的观察往往是从大处着眼的，对他整体的精神风貌，给人的综合印象都可以略作交代。然而随着两人坐下来，在交流某些话题时，就可以近距离地观察对方的言谈举止了，我们便有了特写一番的可能。这样的构成也是视点变化的过程。

此外，我们在写作过程中，时常对"存放"在脑海中各种素材进行一番有意识的钩沉，从中检出最值得写的一段故事、情节。它最初留在我们的脑海中，也许是三五年前、也许是十年前的往事，当我们逐渐把思想聚焦在这条素材上时，仿佛是用放大镜反复翻看，从各个角度去思考，这也造成视点的反复变化。比如，一开始你也许会写"在我的心灵深处"——体现出故事的遥远，年深日久的感觉，而在文章即将结束时，却有了"仿佛发生在昨天"的感慨。这件事之所以似乎变得更加鲜活了，是因为你的视点发生了变化。

伟大的作家甚至不必移动自己的身体，其观察的视点就会产生巨大的变化，这在王维的诗歌《画》中体现得十分清楚。他说："远看山有色，近听水无声。春去花还在，人来鸟不惊。"作者面对一幅静态的画面，却写出了"远看"和"近听"不同视点下的差异，又以"春去"和"人来"的想象而展示画的特色，给人一种艺术张力。如果将这样的画面以电影的形式来展示，势必需要多个镜头来实现：远看而见山的轮廓和色彩，凑近去听却没有水声，以及春去和人来时，鸟儿依旧的场景。区区20个字，却将一幅静态的画诠释出动态而立体的一面，令人叹服。

第22课 利用视点写变化

  以上的各种案例似乎说明,"视点"的变化要求我们采用更精准的词汇去表达,才能生动地体现出行文的动态之感。可见,"视点"对我们记录变化、表达感受意义重大。

  同时,我们要克服写作中的武断问题。写作中的武断表现为以一己之私来揣度所有的人,认为别人都是这样的。这样的"视点"是不对的。你不能站在自己的立场、观点上代所有人判断,换言之,你的表达需要有一定的分寸才行。如有同学在自己的文章当中这样说:"人的童年都很快乐。"这是非常武断的观点,不是所有人的童年都像你一样快乐。再比如,"每个人都有不幸的时候"。这个句子的修改很容易,可以把"不幸"改成"烦恼",这样修改后,句子的观点是成立的。"不幸"是一个程度很重的词,不是每个人都会遇到。

后 记

我有一言应记取,文章得失不由天。——鲁迅

鲁迅先生的这句话,其实告诉我们:写作是自己走出来的一条路。的的确确,不管是在考场上还是在未来的生活、工作中,没有人能替代你表达自己对世界的认知。要知道,青少年学写作,从三年级提交完整的习作开始,到高考结束,整整十年时间。在这漫长的十年里,许多孩子甚至不能写出一篇像样的文章。更不要说常年被作文所"折磨"而惧怕写作文了。何况还有所谓的"一怕文言文、二怕周树人"等"两怕"。这样学语文的十年,将是何等痛苦不堪的十年啊!

所以许多青少年不能在写作方面创造佳绩,我觉得主要是自我训练、主动训练太少的缘故。如果我们常年在一种被动训练——在老师安排的作业当中、在不得不面对的考试当中才肯去写的话,真的难以写出高质量的文章。要知

道，写作是一门主动实践而探索的艺术，需常年浸淫其中而产生浓厚兴趣才行。所以，面对青少年的抱怨、家长的烦恼，我给出的一个秘诀便是：先写起，再写好——当然要主动写。其实就是反复实践和探索，在实践和探索当中成就写作的"好事"。这就不能不说以下几个主要问题。

一、如何看待写作本身

　　写作不同于解一道数学题。即使一个人在数学和作文当中得到的快乐是一样的，其过程也是有很大差异的。数学是探究自然法则的客观演绎，而写作是创造一个新世界，是把一个立体的世界放置到一个平面上来，但不损失其立体效果。我们且不说这样的差别。我想，对一个数学高手而言，他的数学水平决定了他看待数学题的视角是不一样的，他可能已经得到了数学解题的思想与方法，从而能在更高的层面上去看待数学问题——而大部分青少年只是从作业的角度看写作本身。如果不能从文章的高度、创作的高度去写作，只是始终当作一道作文题来应对，青少年是不可能真正走入写作的天地的。

　　青少年写作不能脱离课堂作文，但如果将自己的写作课仅仅局限在课堂上就有问题，在不少人的观念当中，如果连课堂作文都完成不好,何谈其他的呢?其实不是这样的。不少青少年之所以课堂作文完成得不好,是因为没有在自主支配的时间里,有意识地安排一点时间进行写作上的自我提升。

写作必须从相对被动的课堂作文中解脱,而回归到你的主动选择上来。当星期天你去异地旅游一次,完全可以动笔记录这个过程,日记也好,游记也罢,先写起来!记录在你的日记本、作文簿当中,然后在课余时间里自我修改,甚至可以将修改好的文章发到一些网络平台上任人点评。在吸纳别人的意见后,你可以再修改、再完善,从而将生活过程中各种有趣的事件、人物、观察、思考等写成文章,这样的文章是你自主命题、自主写作而成的,绝非老师在课堂上布置的命题作文,因此更能提高你的写作水平。

久而久之,你会发现:应对老师的课堂作文,对你而言不过是张飞吃豆芽——小菜一碟。

二、向写作的多样性进发

在青少年的写作中有一种现象容易被忽略,即写作上的"偏食"现象。面对种种类型的写作,有人喜欢日记,觉得它随心随意;有人喜欢随笔,觉得可以处理翻飞的思绪;

有人偏爱抒情，觉得可以抒发心中的情致；有人热衷记叙，觉得可以编写创意故事；有人酷爱议论，觉得可以激扬文字。要我说，在一个学习的阶段当中，最好能全面发展，向写作的多样性进发。包括散文、诗歌、小说和戏剧在内的多种文学体裁，尽早地接触、尽早地掌握，对青少年拓展写作能力非常有帮助。同样的一个故事，可以写成小说，也可以编成剧本；同样的一段素材，可以写成美文（散文），也可以写成诗歌。

在你没有完全掌握、领略各种形式的妙处时，最好能克服心理上的"偏食"现象。这不是说在你的考试当中，如果你过于偏爱的某种文体不被允许（比如诗歌），也不是说你会遭遇自己的文体写作短板。而是说，不同的展现形式，对你日后的写作、创作有着很强的意义。今天你不喜欢剧本，也许十年后你认定要做一个著名的有影响力的编剧；今天你讨厌诗歌，也许你会在未来某次诗歌朗诵会上感受到诗歌之美，从而疯狂地爱上诗篇。所以，趁着自己年轻，在学习精力最旺盛的年龄，对各种文学体裁都能熟悉、掌握，以便在日后的岁月里选定某个突出的方向，走进更专门、专业的创作天地。你要知道：艺高人胆大，技多不压身。

三、把阅读经验转化成写作才华

读书和写作之间，人们普遍认定两者之间具有因果关系。所以不少人拼命地读书，当今社会涌现出很多读书的高人——一年读几百本甚至上千本都不罕见。然而也有人在读了许多书之后产生一个疑惑：为何我读书不少，而写作却不好？

简单回答这个问题的话，就是读书和写作之间具有因果关联，但不是直接的因果关系。读书最多的人，未必就是写作最好的人。如果一个人读书而不知转化——把阅读经验转化成写作的才华，那么读多少书都没用！

以阅读的程度而论，有深阅读，有浅阅读。浅阅读主要留意的是内容的表象，主要是对其中的故事感兴趣，对有趣的情节记忆深刻；而深阅读则对作者的构思、选材、结构、语言、情感等有全面的探究，这种探究常常可以形成很好的理论认识，这些很好的理论认识能帮助一个好读者成为一个好作者，甚至成为一个好作家！

以我们中国人喜欢的《红楼梦》而言，有的研究者探究一生，耗费几十年光阴，写出上百篇分析文章，其中的故事情节异常熟稔，其中的诗词能解析透彻。对普通读者而言，我们常常只是处在读故事情节的层次上，所以一篇论文也写不出。这奇怪吗？丝毫不奇怪。这是就红学研究者而言，而对中国许多著名作家来说，他们也时常宣称从《红楼梦》中得到了巨大的启发，包括曹雪芹创设故事的能力、编织结构的才华、刻画人物的手段、隐秘心理的探寻等。每一个受到启发的作家都能读出自己的感受，虽然每个人的感受是不同的，但是对自己的创作均有影响。

不只《红楼梦》这样伟大的古典文学作品，20世纪以来的文学作品，比如魔幻现实主义的代表作《百年孤独》影响了多少中国作家？莫言、陈忠实、张炜、迟子建等著名的中国作家，都深受其影响。想想看，如果他们的阅读停留在浅阅读上，怎么可能转化成自己的写作才能？

四、回归自我，激发自我的写作潜力

作为一个专门辅导学生写作的老师，我接触了太多的学生和他们的家长。在帮助孩子们修改作文、辅导课程的同时，我深刻体会到学生和家长在面对写作时的一些思想误区。其中最大的一个就是过分依赖外部力量，过度渴望写作技巧，而很少能回到自身、回归自我。

其实，学习的过程不是外部灌输的过程，不是过度依赖老师而展开的外部输入式学习，而是需要激发自我的内在潜能。古希腊哲学家苏格拉底是一个了不起的导师，他对青

后记

年的"教学"绝不是灌输式的,而是启发式的。他曾经以助产来比喻学习这件事儿。他的意见我很赞同:"老师自己不生孩子,只是助产士而已。"对一个学生而言,学习的关键是激发自我潜能,把你自己本身具备的东西激发出来,而不是外部灌输。

近年来,我发现一个惊人的学习现象,过于依赖外部力量的学生,他在学习上给人以越学越笨的感觉。以作文学习而言,这一次他知道在作文中开门见山,却在下一次写作时依然茫然不知所措:因为没有学到写作的原理,心里追求的始终是有限的技巧,而不是无限的、一通百通的写作原理,更不懂得独立思考。结果导致每次的写作训练,能学到的东西都非常有限,在一次次恼人的训练当中,终于丧失了对写作的兴趣。于是,他本有的写作潜能就被压制了。

总而言之,写作是人的一种综合素养,是基于母语而开展的一种综合能力的表达。写作的价值不仅是当下的,会对你的求知、求学有一定的影响,更对你的人生、你的未来产生深刻而巨大的影响。即使你的理想不是成为作家、记者、编辑,不是成为文字工作者,你也绝不该轻视写作。要知道,对爱因斯坦、霍金、杨振宁、李政道等大科学家而言,他们研究的虽然是自然科学,但他们运用"语文"而写作的能力,常常不输专业作家。毕竟人的能力不是有限的,而是巨大乃至无穷的。